说话心理学

孟琳◎著

煤炭工业出版社
·北京·

图书在版编目（CIP）数据

说话心理学 / 孟琳著．--北京：煤炭工业出版社，2018

ISBN 978-7-5020-6866-0

Ⅰ．①说…　Ⅱ．①孟…　Ⅲ．①心理交往—语言艺术—通俗读物　Ⅳ．①C912.11-49

中国版本图书馆 CIP 数据核字(2018)第 207139 号

说话心理学

著　　者　孟　琳
责任编辑　刘少辉
封面设计　胡椒书衣

出版发行　煤炭工业出版社（北京市朝阳区芍药居 35 号　100029）
电　　话　010-84657898（总编室）　010-84657880（读者服务部）
网　　址　www.cciph.com.cn
印　　刷　北京亚通印刷有限责任公司
经　　销　全国新华书店

开　　本　710mm×1000mm 1/16　**印张**　14　**字数**　250 千字
版　　次　2018 年 10 月第 1 版　2018 年 10 月第 1 次印刷
社内编号　9746　**定价**　42.00 元

前　言

职场上，你的能力很强，做的也很多，但却总不如一些会说话的人升职加薪来得快。很多人都以为这些人是善于拍马屁，其实不然，我们不妨看看这样一则例子：

张明和李响是好友，同一所大学毕业，毕业后就职于同一集团公司。大学期间，二人学习能力、考试成绩不相上下，但参加工作后，境况却大相径庭。两年不到李响就晋升到了分公司总经理的位置，手底下管着两百多人，年薪百万。而张明工作了三年多，还是一名普通的职工，月薪不到一万。同时进到公司，业务成绩也不相上下，但为什么差别会这么大呢？这让张明感到郁闷和不解。

有一次下班后，张明约了李响喝酒。三杯下肚，张明开始向李响诉说自己这么多年来遭遇的不公平待遇，说自己得不到领导的重视，又说李响是多么幸运……

说话间，张明的领导——牛明道也来这里喝酒，于是三人拼桌一起喝。因为领导在，张明便收起了自己的话题，专心听领导说话。

闲聊中，牛明道开玩笑说："你看看你们多幸运，姓张、姓李，都是姓氏大户，我这姓'牛'，还属马，这没法过了。"

听到这里，张明无意地说了一句话："当牛做马。"

"可不是嘛，"牛明道的脸上闪现了一丝不快，但瞬间就被李响的一句话给融化了："这在南方是好兆头，龙马精神相当牛。"一句话，说得牛明道心里美滋滋的。

因为说话，李响步步高升，张明原地踏步。好话一句让人暖，会说与不会说，差距就是这么大。想想我们自己，在生活中是不是也遇到过这样的事情，因为不善于表达，兢兢业业、辛辛苦苦地工作，最后却得不到领导的重用。

著名散文家朱自清说：“人生不外言动，除了动就只有言，所谓人情世故，一半是在说话里。”

技术高、业务能力强，每天朝九晚五，兢兢业业做事，老老实实做人，但却不一定能换来领导的重用、取得事业上的成功；真心待人，急人所急，但却不一定能换来对方的等价对待……原因在哪里？

人生要动，所谓动，就是会做事，但只会做事不会说话，只是像老黄牛那样默默耕耘，恐怕也很难得到重用。对朋友很好，时刻都为他着想，但如果你不巧妙地说出来，他们不会知道你为他做了什么。事情就是这样，光说不练让人鄙视，但光干不会说，也很少有人会感受到你的善良真诚，你的本事和能力，正所谓“能干的比不过会说的”。

生活中，会说话与不会说话的结局往往是天壤之别。会说话的人，能够使难成之事心想事成，能够让自己在社交中事事如意，能够在商战中赢得主动，能够得到上司的重视、同事的喜爱，让自己在人生旅途中处处顺心；不会说话的人却总是错失良机，处处受限，寸步难行……

人不是天生就巧于说话的，说话的技巧是可以培养的。为此，我们策划了《说话心理学》一书，本书以通俗易懂的语言、有趣而富含深意的案例，让读者在轻松阅读的同时，深入了解当今社会的生存智慧，潜移默化地掌握说话的技巧、与人沟通的智慧等。

说话是最容易的，每个人都会，但说话也是最不容易的，很少有人能将之说好。所以我们通过学习书中讲到的说话技巧以及沟通智慧，可以慢慢锻炼自己，这样说话水平自然会有所提高。

孟　琳

2018.4

目 录

第一章 会说话比会做事更重要

能干的比不过会说的 _02
会说话，就是生产力 _04
你的世界由你说的话建造 _06
善意但错误的表达就是伤害 _08
有效沟通，化解危机 _10
学会高情商地表达 _12

第二章 高情商地说话是一种能力

踏踏实实地做，坦坦荡荡地说 _16
交浅，不言深 _19
该问的，不该问的 _21
不要傻傻地听，要学会附和 _23
你说出来的话莫戳到他人的痛 _25
客套的话要适可而止 _28
说话要有保留 _29

第三章　说有分量的话，做有分量的人

抑扬顿挫别人才爱听 _32

把你想说的逐字逐句清晰地表达出来 _34

将深奥的东西浅显易懂地说 _37

事有缓急，话分轻重 _39

言简意赅，“话”以稀为贵 _41

用最简短的方式说出最有用的话 _43

第四章　措辞小改变，事情大转变

把“你真聪明”，变成“你学习真努力”_46

明贬暗褒，受用不已 _49

有时，商量的口吻不如坚定的语气 _51

来硬的，不如说点“软”的 _53

不在嘴上战胜别人 _56

对方抛出来的话梗，接住好过躲避 _59

未批先夸，欲抑先扬 _61

第五章　说好难说的话，做好难做的事

用“好像”“可能”等词语应对尖锐话题 _66

对冗长谈话一言以蔽之 _68

奉劝别人的话委婉指出 _70

将沉重的话题诙谐地说 _72

拒绝不是决裂，别咬牙切齿地回绝 _75

用问句，将问题抛回给提问者 _77

说错了话就及时道个歉 _79

第六章　成功多青睐善于说话的人

将自己擅长的领域骄傲地讲出来 _84

说话要触及本质才能引发共鸣 _86

用谎言吹嘘自己，不如用实话仗借他人 _88

另辟蹊径，说话不纠结 _90

先针锋相对，再和气以对 _92

被拒绝时，不要选择缄口不言 _94

把你的“后援团”表露给大家听 _96

说出真情感，成就大事情 _98

第七章　销售多是说出来的买卖

成功销售的关键在于我们怎样说 _102

不卑不亢，大大方方地推销你的产品 _104

用“我们”造就大家“同舟共济”_106

把说话的重心放在有决定权的人身上 _108

被拒绝时，以幽默的说辞换取继续交谈的机会 _110

让客户把怨气都吐完后你再开始讲话 _112

“专程拜访”的话不要直接表露出来 _115

把客户最关心的问题讲出来 _117

说话时注重客户的感受 _119

催促顾客买单的话永远不要讲出来 _122

第八章　身在职场，你需要练就一张会说话的嘴

请教工作时把老板的身份突出出来 _126

向领导邀功请赏的说话技巧 _128

说建议时别否定上司的想法 _130

话语间让领导感受到我们的尊重 _132
老板面前，不要急于表态 _134
把领导的关心点汇报出来 _136
向领导充分地陈述加薪或升职的理由 _138
把你的功劳幽默地汇报给领导 _140

第九章　把话说好，别让管理输在口才上

管理不要通过唠叨来实现 _144
在下达命令时，要及时引导 _146
提意见时要照顾好员工的心情 _148
对下属说话要“晓以利害” _150
批评女下属，要顾及女人的薄面皮 _152
对想辞职的员工，你可以这样说 _154

第十章　社交口才，是立足社会的资本

精彩地介绍自己，让别人牢牢记住你 _158
言谈之间少突出自我 _162
有智慧的自贬，赚足吆喝声 _164
嘴上留情，脚下得路 _166
闲聊时尽量别谈消极话题 _169
别人谈话时，不要着急插嘴 _171
避免语言冲突，占据交往优势 _175
谈别人感兴趣的事情，你的话才会成功 _177
不在语言上彰显自己的优势 _179

第十一章　吃中谈，欲成大事先聊好饭桌小事

聊天——可以为工作吃，但别为工作谈 _182
好话要说在饭菜前头 _184
多用美词调节宴会气氛 _186
由浅入深，由话题带动交往 _188
激将的目的是说服而不是打架 _190
美酒佳肴，“大题小做”_192
讲究时机，分阶段讲话 _194

第十二章　一语抵千金，说服的关键在于有效

说出对方心里预设好的答案 _198
说服语言拒绝“被动形式”_201
言谈之间满足对方的虚荣心 _203
告诉对方“别无他选”_205
用适当的话语引发心理共鸣 _207
对固执的人，顺着他的话往下说 _209
抓住关键，以利说服 _211

PSYCHOLOGY OF

SPEECH

第一章

会说话比会做事更重要

能干的比不过会说的

每天朝九晚五，甚至加班加点，却没有换来领导的重用；兢兢业业做事，老老实实做人，却没有取得事业上的成功；真心待人，急人所急，却没有换来对方的等价对待……究竟是为什么？很多人在这些问题上感到困惑。其实，很多时候，会说话比会做事更重要。一个意思，采用不同的说法，产生的效力也就大不一样。

有两位司机，同时为领导开车。由于单位精简，必须裁掉一个。于是，让两人竞争上岗。

第一个司机说：“我将来要是还能开车，一定把车收拾得很干净，遵守交通规则，保证领导安全，还会做到省油……”他足足说了十多分钟。

第二个司机没说三分钟就结束了。他说：“我过去遵守了三条原则，如果今后继续录用我，我还将遵守三条原则：第一，听得，说不得；第二，吃得，喝不得；第三，开得，使不得。我过去这样做，现在这样做，今后还这样做。”

结果，第二个司机留下了。

两位司机的技术水平不相上下，工作也都兢兢业业，但领导却留下了第二个司机，为什么？因为在领导心目中，第二位司机说得更好。领导经常坐在车上研究工作，这些工作在公布之前都是保密的，司机说了就是泄密，所以只能听不能说，这叫“听得，说不得”；司机经常要陪领导到处参观、开会，最后总得吃饭，但是司机不能喝酒，为的是保证领导的安全，这叫“吃得，喝不得”；另外，领导不喜欢司机公私不分，为了己利私自开车，这叫“开得，使不得”。这样遵守工作规章、说得头头是道的司机，哪位领导会不喜欢呢？

四个女性因为孩子相熟。一日，四人约好带孩子去公园玩。孩子小，公园大，走了不到一半，童女士的孩子就睡着了，没办法，只好抱着孩子继续前行。一手抱着孩子，一手提着给孩子准备的水果、零食，很快童女士就有点吃不消了。公园人多，怕小伙伴走散，一起前往的赵女士虽然身怀有孕，自己还背着包，但还是帮童女士分担了一个包。就这样，走走停停，两人一个多小时才走到要去的地方。其他两个伙伴，因为没有负担，早早地就等在那里了。

“看你拿着这么多东西，还抱着孩子，赶紧都分了吃了，挺沉的。”一起前来的李女士一边说一边把童女士带来的几盒水果接过来打开、分给孩子们。

“快，大家都替童妈妈减负。”李女士招呼孩子们。

因为走了太长时间的路，孩子们也都累了，三下五除二就把水果解决掉了。

“这回可轻了，幸亏你们都给吃了，不然还得带回去，死沉死沉的。”童女士对李女士感激地说。

听完这话，身边的赵女士心里很不是滋味，自己怀着孕带着孩子还帮着拿东西，到头来，李女士几句话把所有的好人都做尽了，这让内心善良、一心为人着想的赵女士感到内心不爽。

说话，是人际沟通的手段之一，也是生活的基本技能。在相当多的情况下，说话还是一种工作技能，不管是推销还是谈判，乃至职场复杂人际关系中的沟通，说话的技巧和水平都能够对工作的结果产生决定性影响。

如今，会做事的人很多，但成功的却不多，一个重要的原因就是只会做不会说！

说话是一门艺术，需要智慧。美国成功学大师戴尔·卡耐基曾经说过：“当今社会，一个人的成功，仅有一小部分取决于专业知识，而大部分取决于口才的艺术。”所以，要想在事业上取得成功，在职场中树立威信、在社交中获取帮助，会说话很重要。

会说话，就是生产力

“一人之辩，重于九鼎之宝；三寸之舌，强于百万之师”。古有苏秦数国游说不辱使命，孔明力排众议舌战群儒，近有孙中山革命演讲风起云涌，不战屈人之兵。可以说，战前的动员，士气的鼓舞，人才的凝聚，乾坤的扭转……这一切都要通过口才表现出来。口才在无形之中改变了历史的进程，推动了历史的巨轮滚滚向前。口才，无疑也是一种巨大的生产力。

在全面建设小康社会的今日中国，口才无论在商贸谈判、产品销售、技术引进、公共关系还是在思想教育、组织生产中都起着至关重要的作用，很多企业高层都把提高员工讲话能力作为扩大生产的一种手段。因为英雄所见略同，口才也是生产力！

演讲在车间，流汗只等闲；演讲在军营，热血在沸腾。在课堂、在舞台、在社交场所、在谈判桌上，只要有人的地方，就需要交流，就需要对话，就需要高超的讲话能力。

周恩来在万隆会议上慷慨陈词，掷地有声，讲出了中国人自己的声音，口才的威力让中国人扬眉吐气。谁能说口才不是一种强大的生产力呢？

吴仪在中国加入WTO谈判桌前，语出惊人，智慧胜人。口才体现了“说得出的能力，做得到的成就”。

只要不是失语或口吃，讲话能力人人具备，但是敢讲、能讲而会讲的人却不多。许多人是茶壶里煮饺子——倒不出来，许多人只懂地方话却不懂普通话，许多人懂得了普通话却不会外语，因而交流受限，发展受限。你羡慕那些在大庭广众之中风度翩翩、侃侃而谈、妙语生花、自信从容、吐词清朗、感染力强的演讲家吗？那其实正是新时代对人才的最新要求。

一个人的讲话水平，可以决定他的生活层次，一个企业员工的整体讲话水平，可以决定企业的发展速度，一个国家公民的整体讲话水平则决定着这个国家的兴衰、国际竞争的成败。大到修身、齐家、治国、平天下，

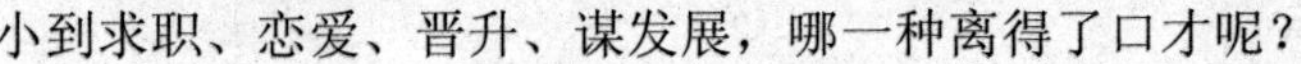

小到求职、恋爱、晋升、谋发展，哪一种离得了口才呢？

其实，你有一千个理由羡慕别人的口才，你更有一万个理由成为具备高超讲话能力的人。找到路，则不怕路长，不善讲话不要紧，关键的是要认识口才的重要性，从而加强学习，因为讲话能力可以通过日常训练百炼成钢。日日行，千里不在话下；天天读，万卷亦非难事；时时练，讲话能力就会日益增强。到那时，你就会口吐莲花，笑傲江湖；妙语连珠，平步青云。

你的世界由你说的话建造

俗话说："三百六十行，行行出状元。"其实在这三百六十行里，行行都需要口才。现代社会中，一个人是否有好口才，是否会说话，成就与境遇定会大不一样。有些人知识渊博，可就是因为缺乏"嘴巴上的功夫"，而不受人欢迎。有些人在工作上表现得也很出色，可一讲话就语无伦次，拘谨慌张，从而失去了很多晋升的机会。

会说话比会做事更重要！有时候，你辛辛苦苦做了很多，但事情就是没有转机，而一次巧妙的谈话很可能就会改变局面，从而决定事业的成败。也许有人觉得这很夸张，其实这么说一点也不为过。下面有这样一个故事：

古代有一位国王，一天晚上做了一个梦，梦见自己满嘴的牙都掉了。于是，他就找到了两个解梦的人。国王问他们："为什么我会梦见自己满口的牙全掉了呢？"第一个解梦的人就说："国王，梦的意思是，在你所有的亲属都死去以后，一个都不剩，你才能死。"国王一听，龙颜大怒，杖打了他一百大棍。第二个解梦人说："至高无上的国王，梦的意思是，您将是您所有亲属当中最长寿的一位呀！"国王听了很高兴，便拿出一百枚金币，赏给了第二位解梦的人。

同样的事情，同样的问题，一个挨打，另一个却受到嘉奖，这就是说话所致。由此可见，会说话是多么重要。

现如今，人们会把说话作为衡量优秀人才的重要尺度之一。比如，企业招聘人才时，口才测试是必需的。在日本，很多大型公司在招聘人才时，甚至专门对面试者的说话能力进行了规定，其规定内容还以条文的形式一一列举，其中包括以下诸条：应聘者声若蚊子者，不予录用；说话做不到抑扬顿挫者，不予录用；交谈时，说不到重点者，不予录用；答问时，无法做到干净利落者，不予录用；说话无生气者，不予录用；说话前后矛盾、颠三倒四，甚至不知所云者，不予录用；等等。

或许，日本的这些大公司这样做显得很苛刻，但是，这也反映了一个事实，那就是一个人会不会说话与他的事业有着密切的关系，是否会说话在某种程度上决定了他是否能够胜任本职工作。口才是一个人思维的体现。一个能言善道、善于清晰表达自我的人，做起事情来一定是思路清晰、条分缕析，这样的人更容易出业绩，更容易被人发掘。

总而言之，通过说话让领导、同事、朋友、亲人等更深层次地了解你，让大家对你产生好感和信任，你才有机会升到高位，得到自己想要的，并最终获得梦寐以求的成功。换句话说，你的世界是由你说的话建造的，你怎么说话决定了你的人际关系走向甚至事业成败，因此只有会说话才能为自己创造出美好的世界。

善意但错误的表达就是伤害

微信朋友圈总会有很多心灵鸡汤，比如这段话："善意，是人生的正能量，是一种能够面对人生一切困苦的力量，是能够化解一切矛盾和摩擦的力量，是能够带来和平与幸福的力量，是能够让世界越来越美好的力量。"

那么"善意"果真有如此的力量吗？

有个人要宴请客人，为了让大家满意，此人提前三天就开始准备，忙忙碌碌终于到了请客的这一天。

为了选购最新鲜的蔬菜水果，他很早就来到了超市进行采购，买好菜、做好饭，很快到了中午。

临近中午十二点钟，还有一大半的客人没来。眼看饭菜都凉了，此人心里很焦急，便说："怎么搞的，该来的客人还不来？"一些敏感的客人听到了，心想："该来的没来，那我们是不该来的了？"于是便找了个借口先离开了。此人一看几位客人饭都没吃，饿着肚子就走了，他越发着急了，便说："怎么这些不该走的客人，反倒走了呢？"剩下的客人一听，又想："走了的是不该走的，那我们这些没走的倒是该走的了！"于是又走了几位。最后只剩下一个跟此人较亲近的朋友，看了这种尴尬的场面，就劝他说："你说话前应该先考虑一下，否则说错了，就很难收回来了。"此人大叫冤枉，急忙解释说："我并不是叫他们走！"朋友听了很是不快，接下来便一言不发。

故事中的主人公明明是好心善意，却没有得到别人的理解，为什么呢？试想，如果故事中的主人公换一种表达方式："饭菜都凉了，这没来的怎么还不来呢？一会吃凉的，肚子该不舒服了。”这样的表达，是不是会让在坐的客人觉得他是一个善良的、懂得替人着想的人呢！想想我们自己，是不是也有故事中的主人公一样的经历，明明是好心，却因为表达得不恰当没得到应有的回报？

忙忙碌碌、好心好意，最后却费力不落好，这都是不会说话的结果。善意是一种力量，但如果不能恰当地表达出来就会变成一种伤害。

有效沟通，化解危机

与人沟通，形式上是聊天，其实本质上就是为了获得对方的认可，有时是让对方接受我们的观点，有时是让对方接受我们这个人。既然沟通的目的是获得认可，那么就需要练就很多技巧了。其中，最重要的一个就是好好说话，说让对方听起来舒服并能让对方接受的话。只有这样，对方才愿意听我们说话，才会给我们获得被他认可的机会。

现代社会是“信息大爆炸”的社会，信息在各行各业中起着越来越大的作用。语言能力强，双方就能顺利地进行沟通。反之，信息就不能很好地被对方接收、理解，致使沟通出现中断，甚至中止。如此，沟通的目的也就不可能达到。

说话必须做到有效沟通，有人说高效沟通能够决定人的生与死。这听起来有点不可思议，但是这样的事情确实存在。1990 年 1 月 25 日，历史肯定不会忘记，那一天，由于阿维安卡 52 航班飞行员与纽约肯尼迪机场航空交通管理员之间的沟通障碍，导致了一场空难事故，机上 73 名人员全部遇难。

事情发生后，调查人员考察了飞机座舱中的磁带并与当事的管理员交谈，发现导致这场悲剧的原因是沟通障碍。为什么一个简单的信息既未被清楚地传递又未被充分地接受呢？很多人对此事件认真分析后有了一致看法。

首先，飞行员一直说他们“燃料不足”，交通管理员告诉调查者这是飞行员们经常使用的一句话。当飞机被延迟降落时，管理员认为每架飞机都存在燃料不足的问题。但是，如果飞行员发出“燃料危急”的呼声，管理员有义务优先为其导航，并尽可能允许其迅速地着陆。遗憾的是，52 航班的飞行员从未说过“燃料危急”，所以肯尼迪机场的管理员一直未能理解到飞行员所面对的真正困境。

其次，52 航班飞行员在传达信息时所用的语调也并未向管理员传递燃料危急的严重信息。许多管理员接受过专门训练，可以在各种情境下捕捉到飞行员声音中极细微的语调变化。尽管 52 航班的机组成员相互之间表现出对燃料问题的极大忧虑，但他们向肯尼迪机场传达信息的语调却是冷静而职业化的，这就给机场管理员造成了“情况并不危急”的错觉。

其实，在平时的工作和生活中，不顺畅的沟通给我们带来的伤害和损失也是非常大的，从更深层上来说，它比任何一种不好的习惯给我们带来的伤害和损失都要大很多。一旦在工作中欠缺沟通技巧，就无法和同事正常地去完成一项工作，同时也会影响到个人职业生涯的发展；在家庭中如果不能做到很好地沟通，那将会造成家庭危机，甚至导致家庭破裂。

学会高情商地表达

如前所述，每个人都会说话，但并不是每个人都能把话说好。“一句话把人说笑，一句话把人说跳”“一语可以成仇，一语可以得福”。也许你忙前忙后，做了很多事情，但往往一句话说错了，就会破坏人际的良性互动，会导致功败垂成。

很多时候，一个人不善言谈，说话不讨人喜欢，会给人留下能力低下和思维匮乏的印象，这样的人不管处在哪一个社会层面，也不管走到哪里，都不会轻松地走上人际的前台，也不会得到足够的器重和赏识，甚至只能沦为无足轻重的边缘人。

所以，如果你曾经因为使用别人不喜欢的谈话方式而失掉朋友，因为说话不高明而失掉一个顾客，因为言语不当而错过被任用的机会，因为口不择言而惹得领导不高兴，那么，你就应该学一学如何进行高情商的表达。

一对新人在一家大饭店举行婚礼，正赶上大雨下个不停，新人和客人们觉得很懊丧，婚礼气氛有点不愉快，这时一位新郎的长辈正在台上发言，最后他微笑着高声说：“老天爷作美，赶来凑热闹，这是入春以来的第一场好雨。好雨兆丰年，这象征着这对新人的未来是十分幸福的。雨过天晴是艳阳天，这说明今天在座的所有客人都将迎来更加灿烂的明天，我提议，为了创造和迎接雨过天晴的明天，大家干杯！”话音一落，整个餐厅的气氛发生了180度的大转折。沉闷的婚礼场面，一下子活跃起来。

同一件事情，可以硬说，也可以软说；可以明说，也可以暗说；可以正着说，也可以反着说，具体的表达方式要根据说话的时间、地点与对象而有所选择。在生活中，通过高情商的表达，可以使陌生的人对你产生好感，与你结成友谊；可以使相互熟识的人之间情更浓，爱更深；可以使有意见分歧的人互相理解，消除矛盾；可以使彼此怨恨的人化干戈为玉帛，友好相处。

从上面的故事我们也可以看出，高情商的表达，是一个人的通行证，高情商的表达是获得良好机会、赢得上司赏识、下属拥戴、同事帮助、朋友喜欢的重要因素！

人不是天生就巧于说话的，说话的技巧是可以培养的。所以，如果你想获得这个通行证，不妨学一学如何进行高情商的表达，下面就为大家举例说明一下：

急事，慢慢地说；大事，清楚地说；小事，幽默地说；没把握的事，谨慎地说；没根据的事，不要胡说；做不到的事，别乱说；讨厌的事，对事不对人地说；开心的事，看场合说；伤心的事，不要见人就说；别人的事，小心地说；自己的事，听听自己的心怎么说；现在的事，做了再说；未来的事，未来再说……

PSYCHOLOGY OF

SPEECH

第二章

高情商地说话是一种能力

踏踏实实地做，坦坦荡荡地说

生活中，有些人能干会干，但光懂得干却不知道说。这样的人遇到“伯乐”还好说，能看重他，并委以重任；但如果没有遇到，那他这一辈子恐怕就只能被埋没，埋头苦干了。现代社会，要做但更要会说。做要踏实地去做，说则要坦坦荡荡地说。

光说不做的人，会让人觉得就是一个华而不实的人，只知道用嘴去欺骗人，没有任何实在的地方。而光做不说的人，则给人木讷感，就像一头老黄牛一样，只会埋头苦干。这样的人虽然让人觉得稳重、可靠，但多半时候难以让人看到他的真正价值。

只有老老实实地做，然后将自己做过的坦然地说出来，才能让人觉得这个人既可靠又有才华。毕竟酒香也怕巷子深，如果将自己的成绩憋在肚子里，那么谁又能知道，然后去欣赏呢？

马云就是一个懂得做，也懂得说的人。他很努力，也很勤奋，更是一个懂得表达自己的努力和勤奋的人，所以马云才有那么多的支持者。因为大家既看到了他的付出，也看到了他的才华。马云的另一个本事，便是能用自己的语言将自己的付出和才华很好地体现出来。下面是马云在阿里巴巴杭州大会上的一段讲话，从中可以看出马云的语言表达能力有多强。

其实这两年的互联网我觉得还是发展得非常令人惊奇，我最近在看一些情况，阿里巴巴从六年以前专注在中国做电子商务，六年以前很少有人认为中国电子商务会起来，我们没有放弃过。尤其这两个月内互联网发生巨大的变化，比如说 Ebay 购买 SKYBE，前年我们推出淘宝的时候，我们觉得自己跟 Ebay 的竞争还是有难度的。

但是没有想到经过两年的发展，第一是所有员工的努力，第二是中国所有互联网市场的成熟，第三是整个大势的起来，整个世界对中国的关注越来越多，使得我们两年做到了以往八年十年没有做到的事情。

高速的发展使得全世界关注现在的电子商务，我相信未来的互联网在整个中国三年五年内的角逐一定是电子商务的角逐，而我们今天看到的一切，Ebay进入SKYBE，Google进入TALK，QQ进入了拍拍网，QQ强大的交流工具，百度和Google在搜索引擎上的投入，我相信三年到五年内所有的人进入的我们的领地就是电子商务。

阿里巴巴在电子商务有一些优势是先发优势，我们走了六年，六年我们坚持我们客户第一，坚持我们的团队，坚持我们的价值观、使命感，六年来我们没有建立强大的竞争壁垒。

无论阿里巴巴、淘宝、支付宝，我觉得在客户上我们做了很大的努力，但在技术上面是不是能够真正进入世界一流是关键，因为未来三年五年我认为还有一个竞争是技术上的竞争。

上面是马云的一段讲话，在这段话中，他概括地将自己公司所做的事情简略地说了出来。让人们知道，阿里巴巴之所以成功，不仅在于他们生在一个好的时代，不仅在于他们遇到了更多的机会，还在于他们自身的努力和奋斗。这样一来，人们对阿里巴巴就有了一个全面的认识，也会通过这个认识，更加喜欢和尊重阿里巴巴。

这就是既说又做的作用了。因此，在跟人聊天的时候，不仅要聊理想，还要聊聊自己的付出。尤其是跟领导或者同事聊天的时候，要多给人讲讲自己都干了什么，或者通过哪些努力才完成了自己的工作。这样领导和同事们才能知道我们为工作付出了多少，才会欣赏和认同我们。如果我们不去说，别人又不会主动关注我们，那么我们的付出也就没有意义了。

当然，不管说什么，都会涉及另外一个问题，就是怎么说。就像跟领导和同事讲述自己的付出一样，不要说得太过明显，那样会给人一种邀功感，反而不美。在讲述的时候，一定要自然，而且不要太过突兀。只要不给人炫耀感就行了。

表达，从来都不是一件简单的事，表面看起来，就是跟谁说，说什么，怎么说，三个关键词，可是想要真正将之做好，其实非常困难。这些都要靠我们去努力、去钻研，等到真正掌握了更多的表达技巧，我们便可以依靠自己的口才获得别人的认同，从而给自己加分了。

交浅，不言深

人与人交往都有一个适当的距离，没有人愿意把自己摊开放在阳光之下，向所有人曝露自己的一切。所以我们在与他人交往时，应该培养适当的距离感，交浅时言莫深，否则，非常有可能触及雷区，也容易给人留下不好的印象。

在你和别人并不熟的情况下，问到了别人不愿意说的问题时，也许你自己还不清楚状况，就莫名其妙地变成了别人眼中的讨厌鬼，当然你是无辜的，但谁叫你不懂得与人保持适当的距离，走进雷区呢？

常常有人动不动就问人家："你多大了？""有男（女）朋友吗？""你结婚了吗？为什么还不结婚？""一个月赚多少钱？"他自己还往往以为这是跟人家熟络，但其实，他们才刚刚见面而已，并没有什么交情，而这些问题却已非常深入并且私人化，这就是典型的交浅言深。好友谈话，固然是谈得深才好，既能加深两人的友情，又能帮助对方解决一些问题，但如果两个人的交情没有那么深的话，就要避开雷区，保持适当的距离。那应该避开的雷区有哪些呢？

名嘴蔡康永给我们的建议是："第一，对方很容易有苦衷的、不方便对不熟的人说的，比方说'财务状况、生什么病、感情状况、小孩的成绩等'。第二，对方很容易有强硬立场的，谈起来容易起争执的，比方说'支持哪个球队、讨厌哪个明星、信哪个宗教、吃素的攻击吃肉的或者反过来吃肉的攻击吃素的等'。"

在《康熙来了》（大导演陈凯歌夫妇来了）那期节目中，小S开玩笑地问陈凯歌："你应该不会想找林志玲拍电影吧？"其实，常常看节目的人都明白小S的大胆作风，这个玩笑对她来说、对熟悉她的节目的人来说都不算什么，但对陈凯歌来讲，他是个比较严肃的人，是享有盛誉的著名导演，他不能随意说出对一个演员的评价，他的话会产生一定的社会影响力；同时，他不熟悉小S的主持风格，也不是经常参加综艺节目，面对这样尴尬的问题，他实在很难回答，而恰恰在这个时候，蔡康永打趣地推回了小S的问题，康永对她说："你干嘛堵人家的后路啊！很过分，你啊。"接着，陈凯歌答道："如果有合适的角色，可以考虑。"小S顺着就回了一句："没有合适的。您的电影我很喜欢，没有合适的。"此时，陈凯歌就什么也不说了只是呵呵笑，他可能根本没办法接下去，但蔡康永一下子把话题又接了回来，他对小S讲："没有合适你的倒是真的，我真的想不出来陈导有什么电影合适你耶。"

在这次节目里，蔡康永很巧妙地将小S差点挖起的地雷给埋上了，使得敏感的问题一笑而过，没有让节目拘泥在这种难堪中无法进行，这就很好地避免了交浅言深。毕竟，陈大导演，不是小S姐妹淘中的一员，小S和一群好姐妹，或者和那些熟悉的艺人朋友，当然可以这么开玩笑，但面对交情没有那么深的陈凯歌，开这样的玩笑对方不一定能接得住，所以，还是应该避开这种问题。

日常生活中，这样的地雷并不少见，或许你目前还没遇到，但这并不代表我们可以麻痹大意，这只能说明我们还没踩中而已。当下，对于社会中的各种人群来说，避免交浅言深是很重要的说话技巧。

该问的，不该问的

人人都有这样的经验：有时，同某人在一起，说话很愉快；也有时同某人在一起，感到很烦，本来很感兴趣的话题却不想谈下去。究其原因，主要是因为对方说话不讨人喜欢，该问的问，不该问的也问，所以让我们觉得厌烦。说话要讲究轻重、曲直，更要察言观色，知道哪些话该说哪些话不该说，哪些该问哪些不该问。

著名主持人杨澜在采访赵薇时，深知赵薇不愿意提到刚出道时被记者逼哭的事情，于是，她并没有提问这件事的原因、过程和解决办法，而是简单含蓄地说："你刚刚出名的时候，那个时候参加记者招待会，我还记得有一次，好像是因为人家没有通知到你，你迟到了，然后有记者很不礼貌地说让你滚回去什么一类的话，然后你一下就没有办法承受，当时觉得很委屈，对不对。"

这个问题，没有纠缠于"你到底为什么迟到啊？你为什么哭了？"之类的问题上，而是站在赵薇的角度，站在关怀人的角度提问，重点是问赵薇是不是感到特别委屈，而且当赵薇非常配合地回答之后，杨澜由衷地补充道："就是说，你们（逼哭赵薇的记者）干嘛都那么狠啊！对吗？"这句话说完，赵薇记忆的闸门一下子打开，又接着这个问题说了更多的内容。

同样的事情，有人可能就问那些不该问的，比如说去求证这件事的缘由、过程，而杨澜的问题对切入点选得很聪明，由于杨澜知道什么该问，什么不该问，所以得到了赵薇更多的回答，甚至是主动回忆起当年那件事。在提问"军旗服事件"时，杨澜更是巧妙地将其称为"服装事件"，避开了敏感词汇，同时，她不问这件事的真伪、不问这件事的结果，而是问道："当你到你最难受的时候，特别是那个"服装事件"之后，当那种批评和不知哪里来的仇恨排山倒海的时候，你那时候，有没有想到真想躲起来？”

其实，有些问题一旦提出，就会破坏交往过程中营造起来的温馨气氛，所以，为了避免不必要的伤害，不该问的尽量不要问，但该问的也无须讳言，该问即问。懂得如何区分什么是该问的、什么是不该问的是交谈能够顺利进行的关键。这就要求我们要学会察言观色、问话要讨人喜欢。

问题是展开话题的钥匙。有些问题，当你得不到满意的答复时，是可以继续问下去的，但有一些问题就不宜再问。比方说你问对方住在哪里，他如果只说地区而不说具体地址，你就不宜再问某路某号。如果他愿意让你知道的话，他一定会主动详细说明的，而且还会补充上一句，邀请你去坐坐，否则便是不想让别人知道，你也不必再追问了。举一反三，其他诸如此类的问题，如年龄、收入等问题也一样不宜追问，以免引起对方不快。

不可问对方同行的营业情况。同行相忌，这是一般人的忌讳。因为在他回答你的问题时，若不是对其同行过于谦逊的赞扬，便是要恶意地进行诋毁。在一个人面前提及另外一个和他站在对立地位的人或物总是不明智的。

此外，在日常交际中要知道的是：不可问及别人衣饰的价钱；不可问女士的年龄（除非她是儿童或老人）；不可问别人的收入；不可详问别人的家世；不可问别人用钱的方法；不可问别人工作的秘密，如化学品的制造方法；等等。

凡别人不知道或不愿意让人知道的事情都应避免询问。问话的目的在于引起双方的兴趣，而不是使任何一方没趣。若能让答者起劲，同时也能增加你的见识，那是问话的最高境界。

一位社交家说：“倘若我不能在任何一个见过面的人那里学到一点东西，那就是我的处世的失败。”这句话很发人深省，因为虚怀若谷的人，往往是受人欢迎的。记住，问话不仅能打开对方的话匣，还能让你从中增益学问。同时，问话也要有个限度，凡事当问则问，不当问就不要问。

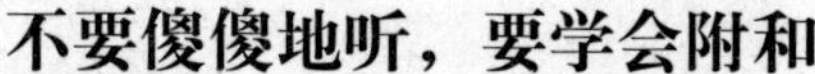

不要傻傻地听，要学会附和

多听别人说，自己才能了解到对方更多的信息。然而，不是每个听力正常的人都懂得倾听的艺术，尤其是想讨对方欢心的时候，仅仅靠听是完全不够的，更重要的是要学会适时地附和对方。

有人做过这样一个实验，能够证明听者的态度对说者有着极大的影响。

实验者让学生表现出一副心不在焉的样子，结果上课的教授照本宣科，不看学生，无强调，无手势；反之实验者让学生积极投入到课堂中——倾听，并且开始使用一些身体语言，比如适当的身体动作和眼神的接触。结果教授的声调开始出现变化，并加入了必要的手势，课堂气氛也生动起来了。

由此看出，当学生表现出一副心不在焉的样子时，教授因得不到必要的反应而变得满不在乎起来。当学生改变态度，用心去倾听时，其实是从一个侧面告诉教授：你的课讲得好，我们愿意听。这就是无声的赞美，并且产生了积极的效果。

从上面的例子也可以看出，倾听时加入必要的身体语言，是非常有必要的。

当然，倾听并不意味着默默不语，除了做一些必要的“小动作”外，还得动一动自己的嘴。恰当的附和不但表示了你对说者观点的赞赏，而且还对他暗含鼓励之意。

当你对他的话表示赞同时，你可以说：

“你说得太好了！”

“非常正确！”

“这确实让人生气！”

这些简洁的附和使说话者为想要释放的情感找到了载体，也表明了你对他的理解和支持。

所以，与他人交谈的时候，你若想博得对方的欢心，想把交流愉快地延续下去，那么，请不要只是傻傻地倾听，要学着适时地附和。

你说出来的话莫戳到他人的痛

《新闻调查》节目报道了某城镇6名学生连续服毒的事件，2名死亡，4名获救。是什么原因让这些少年选择了这样极端的方式结束自己的生命呢？孩子们选择沉默，不想说出事件的原因始末以及自己的伤痛。主持人、采访记者柴静采取了如剥茧抽丝般的方式，慢慢地和他们交流，没有直接地追问，而是避开他们的痛处，通过问一些能够帮助孩子们释放情绪的问题，让孩子们慢慢地说出自己内心的秘密。

服毒自杀女孩苗苗的表弟拘谨地坐着，剪影中紧张的肢体透露出他内心的痛苦和不安。柴静则身体前倾，轻声地提问。

柴静："你自己心里有疑问吗？"

苗苗表弟："有。"

柴静："那你去问谁呢？"

苗苗表弟："问自己。"

柴静："没法去问大人吗？"

苗苗表弟："是。"

柴静："你觉得这件事他们不能给你解释吗？"

苗苗表弟："不相信他们的解释。"

柴静："那你自己能回答得了自己吗？"

苗苗表弟："回答不了。"

柴静："你回答不了自己的时候，心里会觉得难受吗？"

苗苗表弟："难受。"

柴静："难受怎么办？"

这时，男孩已经泪流满面，哽咽着说不下去了。柴静蹲下身去，用手拭去男孩的泪水，片刻的沉默之后，柴静继续发问。

柴静："你在心里跟你姐姐说过话吗？"

苗苗表弟："说过。"

柴静："你跟她说什么呢？"

苗苗表弟："（男孩抽噎着）你好吗？"

……

从上面的对话中我们看到，柴静很多时候都是小心翼翼的，她完全站在对方的立场上，避开孩子的痛处，提出这些人性化的问题，让如惊弓之鸟、对成人充满不信任和排斥的孩子渐渐开口，说出了自己的心里话。可见，说话要有"忌口"，别触碰别人的痛处，才能营造良好的交流氛围，进行良好的互动沟通。

每个人都有自己的痛处和忌讳，人人都讨厌别人提及自己的忌讳。说话时如果不小心就会冲撞了对方，让对方受到伤害，引起对方的反感，有时甚至会招来怨恨。所谓"说者无心，听者有意"，自己随口而出的一句话可能正好在别人的伤口上撒了把盐，让人恨得牙痒痒。聪明的人在生活中要多观察、多总结，避开别人的痛处，只有这样，才能够准确恰当地与他人沟通。

小马先天秃头。一天，大家在一起聊天，得知小马的发明专利被批准了。直肠子的小莉快嘴说道："你小子，真有你的，真是热闹的马路不长草，聪明的脑袋不长毛。"说得大家哄堂大笑，小马的脸也红了起来。

小莉原本是想夸奖小马，然而她的一句"聪明的脑袋不长毛"正好戳到小马秃头的痛处，夸奖不成，反而招致小马的不悦。

如果真的一不小心戳到了别人的痛处，应该尽快找补救措施，比如也戳一下自己的痛处，自嘲一番，让别人好过一点。

某女生寝室，新生正在分床位。晓玲见比自己小几日的王月被排在最末的床位不开心，便说道："好啦，你排在最末，是咱们寝室的宝贝疙瘩，你又姓王，以后就叫你‘疙瘩王’啦。”说者无心，听者有意，原来王月长了满脸的疙瘩，每每深以为恨，此时焉能不恼？晓玲见又惹来了风波，心中懊悔不已，表面上却不急不恼，巧借余光中的诗句揽镜自顾道：“‘蜷在两腮分，依在耳翼间，迷人全在一点点’。唉，这真是‘一波未平，一波又起’呀！”王月听了，不禁哑然失笑——原来晓玲长了一脸的雀斑。有一新生当场暗自感叹：无意中伤了对方，那就对着自己的某个痛处猛烈开火，就这份气度和勇气，便容易妙趣横生。

很多人天性敏感、心细，于这样的人说话时尤其要十分注意，避免无意中触到别人的痛处还不自知，更不要故意拿别人的短处、痛处作为谈资。宇宙之大，谈话的资料取之不尽，用之不竭，我们何必一定要把别人的短处作为话题呢？我们若仔细想想，就会明白，我们所知道的关于别人的事情不一定就完全可靠，也许别人还有许多难言之隐非我们所详悉。若我们贸然将听到的片面之词宣扬出去，那么就容易颠倒是非，混淆黑白。我们的话说出去，就很难收回来了，事后明白了事情真相，必须设法弥补，找到那些听过我们说此话的人做更正。因此，若不是确切地知道某件事情的真相，切忌胡说八道。

另外，如果别人向我们谈起某人的短处的时候，要何以应对呢？最好的办法是听了便罢，不要深信这种传言，不必将此记在心中，更不可做传声筒。而且还要提醒谈论别人短处的人是否对所谈的事情有所调查、确有把握。

朋友相聚，都不免要找个话题闲聊。新近流行的服饰、新出的化妆品、正在热播的电影、电视剧、最近旅游的见闻等都是绝好的谈话内容。何必说东家长西家短，无事生非地议论人家的短处呢？好说人家短处是一种不礼貌的行为，我们必须学会克服。

客套的话要适可而止

客气话是表示你的恭敬和感激的，不是用来敷衍朋友的，所以要适可而止，多用就会流于迂腐、流于浮华、流于虚伪。有人替你做了一点小小的事情，比如说倒一杯茶吧，你说“谢谢”也就足够了。要是在特殊的情况下，也最多说“对不起，这事情要麻烦你”就够了，但是有些人却要说“呵，谢谢你，真对不起，不该这点小事也麻烦你，真让我过意不去，实在太感谢了……”等一大串客套话，如此一来，让在旁边看的人也感到不舒服。

把平时对朋友太客气的语言改成坦率的词语，你一定能获得更多的友谊。对平时你从未表示客气的人们稍说一些客气话，如家中的佣人、你的孩子、商店的伙计、出租车司机等，你一定会收到意想不到的好处。

要避免过分地客气。在一个朋友家中，如果你显得随便自然一些，主人也就不会过分地客气了。而当你是主人的时候，你也可以运用这一方法。

缺乏真诚而刻板的客气话，绝不会引起听者的好感。“久仰大名，如雷贯耳”“贵公司生意一定兴隆发达”“小弟才疏学浅，请阁下多多指教！”这些缺乏感情的，完全是公式化的恭维话，若从谈话艺术的角度来看，是非改正不可的。

说话要实在不要虚假，这是说话所需具备的条件之一。与其空泛地说“久仰大名，如雷贯耳”，毋宁说“你的小说真是文笔流畅，情节动人，让人爱不释手”等话。倘若恭维别人生意兴隆，不如赞美他推销产品的能力，或赞美他的经营方针。请人“指教一切”是不可能的，你应该择其所长，集中于某一两个问题请他指教，这样他一定高兴得多。

说话要有保留

你与别人谈话的过程中，是不是毫无顾虑、想说就说呢？这种说话方式受欢迎吗？

纪晓岚中进士后，当了侍读学士，陪伴乾隆皇帝读书。

一天，纪晓岚起得很早，从长安门进宫，等了很久，还不见皇上到来，他就对同来侍读的人开玩笑说："老头儿怎么还不来？"

话音刚落，只见乾隆已到了跟前。因为他今天没有带随从人员，又是穿着便服，所以没有引起大家的注意。皇上听见了纪晓岚的话，很不高兴，就大声质问："'老头儿'三字作何解释？"

旁边的人见此情景都吓了一身冷汗。纪晓岚也吃了一惊，说这话本无其他恶意，却被皇上听到了，且还是当着众臣的面。纪晓岚突然灵机一动，战战兢兢地说："万寿无疆叫作'老'，顶天立地叫作'头'，父天母地叫作'儿'。"

乾隆听了这个恭维自己的解释，才转怒为喜，不再追究了。纪晓岚这才把提到嗓子眼的心放了下来。

这只是个民间传说，我们不需要去考证它的真实性，但应该从中得到一些启发：说话不可口无遮拦，要恰当地回避他人忌讳的东西，才能使双方的交流更为融洽。

在平时生活中，沟通一直都是非常重要的一件事。与下属、家人、朋友之间的交流，都需要有良好的沟通技巧。然而，有时候我们在沟通时会不自觉地用一些否定式、命令式或"上对下"的说话方式。如："你错了，话不能这么说。""哎呀，我已经跟你说过几百次了，你这样做是不行的。我跟你说的你怎么就是不听呀……"

有句话是这样说的：强势的建议是一种攻击。在某些时候，即使一个人说话的出发点是好的，但如果讲话的口气太强势、不注意对方的感受，让对方听起来就会像是一种攻击，很不舒服。所以，在沟通时，必须注意到对方的感受，有时候即使双方的意见不同，你也必须做到异中求同、圆润沟通。有话直说，但口气要委婉些。

怎样才能做到说话不口无遮拦呢？你应该铭记：

该说的话说，不该说的话不说。

说话要看对象。

说话也要看场合。

说话之前先掂量：这样说出去是否合适？如果有必要，可以先打个腹稿。

PSYCHOLOGY OF

SPEECH

第三章

说有分量的话，做有分量的人

抑扬顿挫别人才爱听

同样是讲话，同样是表述一个问题。有的人说出来，感染力就很强；有的人说出来，则让听者感觉平平无奇，不会引起半点情绪上的共鸣。有此差别，不在于不同场合的观众人员构成不同，而在于演讲者采用了什么样的说话方式。

波兰有位明星，人们都称她为摩契斯卡夫人。一次她到美国演出时，有位观众请求她用波兰语讲台词。于是她站起来，开始用流畅的波兰语念出台词。观众们虽然不了解她台词中的意义，却觉得听起来令人非常愉快。

摩契斯卡夫人接着往下念，语调渐渐转为低沉，最后在慷慨激昂、悲怆万分时戛然而止。台下的观众鸦雀无声，同她一起沉浸在悲伤之中。而这时，台下隐隐传来一个男人的低笑声，他就是摩契斯卡夫人的丈夫——波兰的摩契斯卡伯爵，因为他的夫人刚刚用波兰语背诵的是九九乘法表！

从这个故事中我们可以看到，语调的不同竟然有如此不可思议的魅力。即使不明白其意义，也可以使人感动，甚至可以完全控制对方的情绪。

此外，语调还起着润色语言的作用，能够促进思想沟通，使语言表达更加清晰明确，从而增强语言的表现力。因此，学会运用语调，对于提高语言表达能力是十分重要的。

所以，我们说话时，要让语言能够渗进人们心中，这样才能达到说服别人的目的。因此，在表示有疑问的时候，你可以稍微提高句尾的声音；要强调重点时，声音的起伏可以更大些；要表现强烈的感情时，可以把调子降低或逐渐提高。

总之，绝对不要使你的语气单调，因为音阶的变化能够加强你的说服力。你的热情会在音阶的变化中展现出来，并且能够感染听者，从而产生

说服力。

所以，如果你想让你的声音不仅迷人而且有感染力，就应该知道以下几种语调：

高亢的。它能营造出威武雄壮的效果。

低沉的。这种节奏和高亢的节奏正好相反，它是为了营造一种低沉、庄严的气氛。

凝重的。它介于高亢和低沉之间，声音适中，语速适当，重点词语清晰沉稳，比较中庸。

轻快的。这样的演讲节奏比较适合大众，容易使人们产生融入感。

紧张的。紧张的节奏，通常运用比较快的语速来表达，往往带有一种迫切、紧急的情绪。

舒缓的。和之前的紧张节奏正好相反，是一种稳重、缓慢、舒展的表达方式。

把你想说的逐字逐句清晰地表达出来

说话不仅仅是一种简单的语言活动，更是一门学问。同样是说话，有的人说了很多却让人不知所云，有的人说得简捷明了，却能四两拨千斤，一语直中关键核心，这就是一种说话能力的差距。

平日里嬉笑怒骂、啰嗦地说话无可厚非，但如果遇到非常正式的场合，说话就要尤其注意你的逻辑性和条理性，以便将自己想要说的内容逐字逐句清晰地表达出来。这样才能令听话者立即明白你在说什么。说话要做到言简意赅，让自己的话有营养，让别人愿意听，否则你就会成为别人不喜欢的“话痨”。

主持人汪涵有一次在接受访问时，记者问他：“在你刚出道时，大家会觉得耳目一新。但随着曝光率过高，观众就会产生一定程度上的厌倦心理，尤其是娱乐节目主持人，几乎都有这个从新鲜到厌烦的轨迹，你觉得自己有没有进入这个过程呢？”

对于这个问题，汪涵如此回答：“我自己看我都厌烦了，打开电视机哪都是我，能有机会休息一下就最好。我们身边有很多河流，长江、黄河，不会因为你每天看到它会产生厌烦，问渠哪得清如许？为有源头活水来。你只要不断改造、修行自己，主持人开口说话就像水库开闸放水，如果水是清凉、清澈的，还是有人会靠近它，掬一捧水洗洗脸。如果你不去补充，你流出的是泥浆，一定不会有人去靠近你。水库的造型、周遭环境不是吸引人靠近它的最主要原因，而是它里面时时刻刻都有清澈的水，还会有人跳进去畅游。”

倘若仔细琢磨这一段应答的话，你就会发现其中充满了智慧。汪涵先是以一句“我自己看我都厌烦了，打开电视机哪都是我”自嘲，暗示自己的人缘不错，然后拿江河打比方，巧妙地解释了自己颇受观众青睐的原因——“为有源头活水来”。紧接着，他又别具一格地将“主持人开口说话”比作“水库开闸放水”，采用两个假设复句“如果水是清凉清澈的，还是有人会靠近它”“如果不去补充，流出的是泥浆，一定不会有人去靠近它”，从正反两方面强调了主持人“不断改造，修行自己”的重要性。最后，以一句“不是……而是……”的说辞，言简意赅、深入浅出地直指问题的核心——主持人“吸引人的最主要原因”在于“时时刻刻都有清澈的水”。

有时某些人的话很多，但因其言语中的内涵意义丰厚且新鲜，人们并不会觉得他是“话痨”。想要如此就需要讲话人不断地充电，保持自己的风格和独特意义。就像汪涵所言，得有源头活水来，要不断地完善自己，自我提升，让自己说的话更有营养。

在话多的情况下，还要避免成为“话痨”、说话喋喋不休，要尽可能做到言简意赅。

说话言简意赅，最重要的就是要让每句话都围绕主题，语句简练，意思完整；将你的所想所悟有条不紊地呈现在听者面前，思路清晰，表义明确。想练习言简意赅的说话方式，最有效的办法就是在日常生活里有意识地培养自己分析问题的能力，试着去透过某一件事的表面现象，抓住其背后的本质并进行综合概括。只有这样，说出来的话才能准确精辟，一语中的且富有魅力。此外，最好在平时尽可能多掌握一些词汇，如果讲话者词汇贫瘠的话，那么在讲话时即使搜肠刮肚也很难保证有精彩的谈吐。

这里需要提出注意的是，言简意赅并不是指说话简单即可，这种简洁要从实际效果出发，简得适当且恰到好处。倘若单纯地为了追求简洁而硬是将话掐头去尾的话，那么表达的意思只能是捉襟见肘让人更加迷惑，从而影响沟通的效果。也就是说，言简意赅中的“简”是相对的简，而不是绝对的，所谓的简短，应当以精确为前提，该繁则繁，能简则简。

在公共场合说话，有的人长篇大论，滔滔不绝，用语言的触角抓住了每一位听者，自然令人钦佩；有的人把自己的意思浓缩成一句话，犹如一粒沉甸甸的石子，在听者平静的心湖里激起层层波浪，同样值得称道。下面邹韬奋先生的一句话演讲，显露了战斗的锋芒，营造出了不一样的氛围，值得我们揣摩品味，会心悟解。

我国著名新闻记者、政治家、出版家邹韬奋先生于1936年10月19日在上海各界公祭鲁迅先生大会上发表了一句话演讲：今天天色不早，我愿用一句话来纪念先生：许多人是不战而屈，鲁迅先生是战而不屈。

邹韬奋先生的这一句话演讲，在当时被人们誉为最具特色的演讲。透过这一句话，我们分明地感受到它里边蕴含着极为丰富的内容——既有对当时政治战线、思想战线、文化战线上“不战而屈”的投降派的谴责，又有对鲁迅先生“横眉冷对千夫指”，勇敢战斗，决不屈服的可贵品格的赞颂。“不战而屈”和“战而不屈”，同样四个字的不同组合，成为衡量一个人有没有硬骨头精神的试金石。这极其精练的一句话演讲，巧妙地采用了鲜明的对比，使卑微者更渺小，使高尚者更伟大，尽管只是一句话，却激发了人们奋起抗争的勇气，鼓舞人们以鲁迅先生为榜样，挺身而出，战斗不止。

正反对比，一句话演讲，不允许拐弯抹角，旁生枝节，必须抓住精髓，巧作对比，以求一语中的。

情商高的人在说话时往往思维灵活，善于托物寓意，常常由人们意想不到的角度切入话题，使得听者在会心悟解后，从心底里升腾起一片喜悦之情，造成和谐的、充满意趣的热烈氛围，效果也就不言而喻了。所以，言简意赅再加上灵活思辨，可以让人成功避免成为话痨的危险。

将深奥的东西浅显易懂地说

说话最重要、最基本的要求就是词能达意。这一点要求看上去很简单，可是最简单的事情最见功夫，当别人不能理解我们所说的，我们的表达不能得到别人的认同时，我们就要反思一下自己的言语，要将语言重组，将不易理解的话更清晰、浅显地表达出来。

从这个角度来看，孙正义无疑可以称得上“日本最懂说话的人”，因为他在经营软银的过程中，通过演讲完成了多次不可思议的任务。

孙正义有很多为人所津津乐道的演讲，其中最著名的一次当属关于“瑕疵担保条款”的演讲。

2000年，软银在收购日本债券信用银行（即青空银行）时遇到了前所未有的公关危机：日本民众普遍认为自己将会为日本债券信用银行的债务买单。孙正义也因此在人们心中成为了“剥削百姓的资本家”，一时间成了“过街老鼠”，上至国会议员，下至贩夫走卒，都对孙正义和软银进行口诛笔伐。而这一切的起源是民众对于收购条约中的一款“瑕疵担保条款”的不理解。

怎么办？收购协议确定的日子一天天临近，是迫于压力放弃收购，还是“冒天下之大不韪”，顶着压力硬上。看上去似乎只有撤退和硬上两种选择，因为短时间内根本没有可能向愤怒的群众说清楚这个非常专业的条款到底是怎样一回事，不可能有获得民众谅解的可能。

世界上从来不缺少“疯子”，孙正义更是“疯子”中的“疯子”，他选择最不可能的一条路：推迟收购日期，向民众解释“瑕疵担保条款”。

孙正义开始频繁地出现在电视、报纸等公共媒体上，苦口婆心地向日本民众解释“瑕疵担保条款”的含义以及存在的理由。首先，孙正义直截了当地说出自己的观点：民众压根不懂“瑕疵担保条款”。为了让愤怒的人们恢复理智，孙正义在演讲中使用了大量精心制作的ppt。ppt分成几大类，一类是各种历史数据的集合，通过实实在在的数据让崇尚理性的日本民众说不出话来；另一类则是简单形象的比喻，这样做可以让孙正义的演讲更具有情景感，引起人们的共情心理。

孙正义将“瑕疵担保条款”的适用比喻成“烂苹果退货协议”：“当一家水果店倒闭的时候，积压了大量的苹果，前去收购的人为了尽快完成收购决定不打开箱子一个个检查苹果，不过他知道肯定有烂苹果。收购的人希望烂苹果超过总苹果两成的时候，可以选择退货。”是啊，既然收购方已经愿意自行承担两成以下的损失，为什么“水果店”不愿意分担一部分风险呢？

通过孙正义的形象比喻，民众开始逐渐觉得“瑕疵担保条款”的确是一款十分合理的条款，一场抗争消于无形。2004年9月1日，比预期的收购日期晚了整整一个月，不过此时的软银已经获得了民众的理解，收购过程如水到渠成般自然。经此一役，孙正义获得了“从不屈服”的名声，为自己和软银赢得了无形的声誉资产。

分析孙正义的演讲，“烂苹果退货”这个形象的比喻无疑起到了极为重要的作用，因为这个比喻让民众拥有了更情景化的理解，更容易赢得他们的信任。

沟通是为了获得别人的认同，一个真正懂得用语言征服别人的人，他的话一定是朴实的。真正的讲话高手，从来都是用最普通、最简单的话来讲述最深刻、最高调的道理，因为只有这样才能打动人心。

事有缓急，话分轻重

在《天下女人》之盲人教授杨佳那期节目中。杨佳艰辛曲折的经历让很多人落泪，而杨佳与父亲之间的真情更是让大家感动不已。在节目现场，主持人李艾听到杨佳父亲的一段话之后，边哭边说："刚才叔叔说到如果有那么一天的话，杨佳老师这边眼泪汪汪的，可能没注意到，但是我看到特别难受。"

我们都能感受到李艾是真诚的，但是，这句"特别难受"，无疑是一种同情，当一个经历过种种艰难的盲人教授听别人泪流满面地说"我同情你"的时候，她的自尊心或许会受到伤害、或许会更加难过于自己的过往，显然，这句话稍显沉重和压抑。

而此时，杨澜接过了李艾的话："别难受，别难受，我觉得不是难受，我是觉得，人世间有这样的一种亲情，如此紧密而深刻的那种纽带，那种联系，是非常幸运的，你要想可能有一些人，他一辈子没有感受过，这种刻骨铭心的爱。"

其实，在说这些话的时候，杨澜也在竭力地控制着自己的眼泪，可以听出来她也哽咽了，但是，她深知，杨佳需要的是积极向上的鼓励，是乐观，而李艾的话会让她伤心，所以，她选择了这种方式。

心理学上有调查显示，大众把残疾人看成弱势群体，对他们很同情，但实际上，你如果把他们看成和自己一样的人，用很正常的方式对待他们，这样更能提升他们的积极态度。所以，与其选择一种沉重的方式，不如用积极乐观的态度来对待他们。

当然，这个例子并没有严重到引起不良后果的地步，李艾的话也是出于爱。但是，言语上的轻重却是个不容忽视的问题，有时候，我们不经意间的某句话就可能伤了别人。

事情有缓急，说话有轻重。有些人在日常交际中，思考问题时缺乏理智，不考虑后果，说话没轻没重，以致说了一些既伤害他人、也不利于自己的话。其实，把话说得有轻有重，并非人们想象中的那么难。只要将心比心，换位思考就知道我们所说的话有多少分量了。

说话轻重，通常出现在批评对方的情况中，掌握好轻重的比例，是非常重要的。我们都知道“人非圣贤，孰能无过”，所以当发现对方的行为有所缺失时，不必说得太露骨，不用把话说得太重，稍微暗示一下对方，或者旁敲侧击地提醒一下，对方通常能够明白你的意思，还会对你的善意规劝表现出好感。

那些熟谙暗示手段提醒别人的人，通常能将自己善意的评价和论断很好地传达给对方，其结果通常使评价方和被评价方获得双赢。虽然人人皆知直言不讳是耿直的表现，但是物极必反，有时候态度越是强硬直接，越是达不到你想要的效果。最为高明的手段是根本不提“批评”二字，而是逐渐“敲醒”听者，启发他自我反省。

奉劝别人的话也不是随口说出来的，说话轻重和说话方式往往决定了劝说是否有效和是否会给对方造成伤害。因此，我们必须思考应该以什么样的方式把它说出来才不会让对方难堪。要达到劝说的目的，又不造成伤害，以下四点需要格外注意。

第一，以给人留面子为前提，侧面提醒，点到即止。

第二，一旦与人争论发生冲突，一定不要把话说绝。特别是朋友之间的冲突，也许你的一句“断交”，就此便失去了人生中最好的朋友。在一些公共场合说出重话，会引起对方的暴躁心理，一旦对方忍无可忍出言回骂或动手伤人，对自己将非常不利。

第三，对任何事情进行判断时，都要多听多看多思考，切忌武断地做出肯定或否定的回答，然后随意地附和某一方。要对你的所听、所见、所感，进行综合衡量，这样你说出的话才有分量。

第四，不要不负责任地肯定或否定他人的做法。

总之，在与他人交谈时，要把握好讲话的轻重火候，言语平和些，态度友善些，避免不必要的伤害与冲突，既可以使他人的自尊心不受伤害，又可以与对方保持友好的关系。是选择这种双赢的方式，还是口无遮掩、重语伤人，相信，你已经做出了选择。

言简意赅，“话”以稀为贵

1960年美国总统选举，尼克松和肯尼迪是一对竞争激烈的对手。尼克松以其时任副总统之职，在开始时占绝对的优势，但选举的结果，肯尼迪扭转了形势，获得了胜利。

1968年，尼克松再次竞选美国总统，他汲取上次失败的教训，想要彻底改变形象。这次的选举对尼克松来说，形势远比上次艰难，因为他首先必须打败洛克菲勒等强劲的对手，取得共和党的提名。所以尼克松在迈阿密的共和党大会上，尽量保持沉默稳重，表现得对自己很有信心。

他说话时，除了强调“法和秩序”以及“尽力达到完美境地”外，绝口不提其他具体的策略，希望能借此“一言九鼎”的策略，给人以可信赖感，进而彻底改变他的“败犬尼克松”的形象。结果，他的战略成功了，他不仅以微弱的优势获得了共和党的提名，而且在总统大选中，大败民主党对手，荣登美国总统宝座。

想要赢得他人的青睐，有的时候，适当地少说话，不但可以突出自己言语的珍贵，更会引起对方的好奇心和信赖感。从这个角度来说，尼克松总统的“一言九鼎”的少说话策略，无疑是一种很好的方法，说得越少，话越有分量，越能给人一种稳重、踏实、可信赖的感觉。

哈佛礼仪课讲师克莱尔曾说过：“我们都曾在社交场合中遇到过某些人，他们在你的耳边唠叨不停，就是不肯闭嘴。她会谈她的孩子、她的狗、甚至她的外科手术以及任何其他事情。或许这个时候，作为听众的你，都已经两眼空洞无神。你丝毫不知道她的重点在哪里，可她却始终没有停下来的意思。”

的确，在与人交流的时候，很多人的沟通和形象被毁掉，就在于他们在没完没了地说，却根本没说到重点；或者说，他们的重点已经被其他喋喋不休的话语淹没掉了，对方已经完全抓不住他们的主要意思了。可见，简洁的谈话对于现代人有多么重要。言简意赅地表达我们的观点和立场，会给人留下办事利索、思维清晰、言谈精练、尊重他人的良好印象，这更是一个人的人格魅力的最佳展示。

在一次讲座中，克莱尔教授给学生们讲了这样一个小故事：在一次政治讨论会议中，一名长官的发言又繁琐又拖沓。相同内容他竟然重复了七八次之多，而且在他的报告中，总是翻来覆去地强调那些无关紧要的小细节。终于，其他的参会人员忍无可忍地指责道：“你的立场到底是什么？”“你说的这些到底哪项是你所谓的重点啊？”

的确是这样，没有重点的话，说再多也只是废话，不仅不能明确表达出自己的态度，更会招人厌烦。

1994年7月17日，在法国政府大厦门前，37岁的法国新总理洛朗·法比尤斯出现在众人面前，进行就职演说，只见这位新总理胸有成竹地说：“新政府的任务是国家现代化，团结法国人民，为此要求大家保持平静和表现出决心。谢谢大家。”人们还等着听他往下讲时，他已经结束了演讲，转身回办公室去了。

这位新总理没有沿袭以往总理就职演说长篇大论的惯例，而是以短小精悍的特点给人们留下了不同凡响的印象。在后来也得到验证，这届法国政府作风雷厉风行，颇受欢迎。

“话”以稀为贵，正如莎士比亚所说：“简洁是智慧的灵魂。”所以我们在日常生活中要做到言简意赅，该说的说，不该说的就不说。

用最简短的方式说出最有用的话

会说话与不会说话是很有差距的，也许大家都有过类似的经历：就是我们觉得很好玩的一件事情，经我们之口讲出来，便变得索然无味了。其实，这是不会说话的表现，会说话的人懂得先说重点来抓住听话者的心。

很多时候讲一个道理是很吃力的，需要解释很多的名词，还需要介绍相关的背景环境，等这些介绍完了，别人已经失去继续听下去的耐心了，而且，讲述人在介绍这些的时候，也会觉得索然无味，从而失去了说下去的激情。这样，整个谈话就会变得没有生气，这谈话也便没有什么大用处了。这些，都是表达不畅造成的沟通不畅。

如果想要跟朋友、同事或客户很好地聊天，就要有强大的表达能力。不仅要将有意思的事情讲出应有的效果，还要学会将没意思的事情讲出效果来。当然，最重要的是，跟别人解释一件事的背景的时候，要用最简短而对方又能听懂的方式，要保证说出的每一句话都是有用的。这时候，借用一些众人熟知的典故是一个很好的办法。

一个温地人去东周都城，周人不准他进去，问他：“你是外人吧？”温人回答道：“我是这儿的人。”可是问他所住的街巷，他却说不上来。东周官吏就把他囚禁起来了。

东周国君派人问他：“你是外地人，却自称是周人，这是什么道理？”他回答说：“我小时候就读《诗经》，《诗经》里说，普天之下，没有哪里不是天子的土地；四海之内，没有哪个不是天子的臣民，现在周天子统治天下，我就是天子的臣民，怎么是周都的外来人呢？所以说我是这儿的人。”东周君听了，就命令官吏释放了他。

会说话，是一项很重要的技能，无论工作、生活，还是谈恋爱，我们都需要通过语言来表达所思所想、分享情感。所以，我们要学会说话，高情商地表达自己的意思。上面故事中的这个主人公就非常聪明，他引用“诗经”，让自己摆脱了囚禁之灾。生活中，我们在与人讲话时，也可以学习，如果没有合适的典故可用，就要斟酌语言了。我们所说的每一句话都是有目的的，都是为我们所想要的结果服务的，不要将一些无关紧要的话不停地挂在嘴边。这样做，我们或许说得不多，但每句话都是有用的，这样才能让我们的目的更容易地达成。

解释，是很多人不愿听的，更是有些人不愿做的。不过好像没有哪个人能够彻底逃离解释。我们总是要跟别人去澄清一些事情，要给他们介绍一些道理或新鲜事物。而在这个过程中，一定要做到条理清晰，说出最有用的话。这样我们才能花费最少的时间来解决更多的问题。

PSYCHOLOGY OF

SPEECH

第四章

措辞小改变，事情大转变

把“你真聪明”，变成“你学习真努力”

湖南电视台著名主持人——汪涵是一个善于说话的人，即使几位主持人站在台上，或者有大牌明星在身边，都无法掩盖他的光芒！汪涵主持的节目，男女老少都能笑得前仰后合，很多时候把他的节目找出来再看第二遍第三遍，都不觉得无趣——不得不说，汪涵最厉害的能力就是会说话。

如果你看漫画，就会知道夏达这个名字。《子不语》《游园惊梦》《哥斯拉不说话》等作品可是市场上的畅销漫画作品，而夏达就是这些作品的主人。夏达不仅有惊人的漫画才华，也有惊人的美貌。但是作为一个创作者，她希望人们更多地将目光放到自己的作品上来，而且她的性格内敛，不习惯成为聚光灯下的焦点。

尽管她深居简出，但还是成为了汪涵的一个采访对象。2011年的3月，采访夏达和其他“天生干这行”的杰出女性们的节目播出了，其中有一段特别让人感动。

在谈到自己的工作时，夏达说：“我们的前辈们在工作室可以一待几十个小时，这就是我们漫画家的使命。而不是走上舞台。”说到这里，汪涵爆料因为一些原因，去年的春节联欢晚会上夏达最后没有登场，为此，他也特别感谢夏达愿意出现在《天天向上》的舞台上。

既然漫画家不愿意过多地谈自己私人的一面，那么就谈谈作品吧。

汪涵手里拿的是夏达漫画作品的原稿，他问微微有点紧张的夏达，创作这些作品需要多长时间。

夏达说：“像那种没有背景的，比较简单的需要两三个小时，而另外一些有背景的，比较复杂的，可能需要得久一些，大概是三四个小时吧。”

汪涵感叹道：我们手里一下子就握住了一位创作者生命中的五小时！

站在一边的欧弟连连感慨，涵哥说得真好——到位，连夏达都对涵哥的这句话非常满意。

要夸别人，说几句好听的谁都会，但是像汪涵这样，能够说到别人的心坎里的，就需要一点功夫了。

换个主持人，听到夏达说的话之后，可能就是“真的吗？这么快！真厉害！”之类的赞叹了，和汪涵所说的“生命中的五小时”相比，实在太低级。

有一个新闻节目，一位记者采访冬天从山东来北京的挖藕人。天寒地冻，挖藕人需要用电锯锯开湖面厚厚的冰层，才能下去挖藕。尽管穿着防水服，带着手套，湖水还是冰冷刺骨。而且挖藕需要技巧，一不小心就会扯断，让淤泥进到藕管中。

记者一开始站在湖边，问挖藕人一天可以挖到多少斤藕，可以卖多少钱。挖藕人一边干活儿一边说，一天大概可以挖到一百斤藕，洗干净之后卖给批发商差不多一百元。这番话让记者突然有了下去一起挖藕的冲动。他也穿上防水服，和挖藕人一起站在泥塘里，感受水的寒冷，和挖藕的艰辛。这时候，记者说：“以前不觉得藕是一种很难得的菜，但是今天站在这冰冷的湖水中，我突然觉得平时餐桌上洁白的藕是多么的美味和珍贵。”记者的这番话让几个躬身挖藕的人直起身，脸上露出了笑容。所以，比起感叹挖藕人的艰辛，不如赞叹他们的工作给别人带来了什么。

说到这里，想起一些教育专家们最近对家长的提醒——赞美孩子的话要说明白。比如，孩子自己收拾了床，你说“我真高兴”，就不如说“我真为你高兴”的效果好。因为后一句更加能够体现家长对孩子的肯定。同样的道理，家长们在平时的生活中要少说一些“你真棒！”“你真乖！”之类笼统的话，而是要对具体什么事情做得好，具体什么方面的表现值得称赞加以说明。这样孩子才更能清楚感觉到自己以后要继续做什么。举个例子，一个孩子考了 90 分，如果家长总是说“你真聪明”，那么他以后可能会觉得自己很聪明，所以不用努力去学习；倘若家长说“你学习真努力”，那么他会觉得家长是在肯定自己学习的过程，如果今后他的学习成绩不理想，便会反思是不是自己不够努力。

措辞小改变，事情大转变，把话说到听者的心坎里，远比没有含金量的赞美要有效果得多。

明贬暗褒，受用不已

主持人汪涵事业成功，口才了得。在某一期《天天向上》里，邀请到的嘉宾按照要求分成两队做辩论，主题是老公长得帅好不好。

……（以省略号带过中间数个回合）

反方一位帅气十足的男嘉宾慷慨激昂地讲了一堆有关老公长得帅不好的理由，只听一旁的汪涵大哥，手持话筒弱弱地吐槽道：“那你去毁容撒！”

台上台下一阵欢腾加掌声，被吐槽的男嘉宾被憋得无话可说，但心底也在偷笑不已。

说要人去毁容可不是什么好话，但汪涵偏偏就借着这个词讨了个乖，将嘉宾不动声色地恭维了一番。

俗话说忠言逆耳，不好听的话未必就不是好意。正是出于这种考虑，有的时候故意说一些不好听的话，反而能间接表达出一些正面的意思。对于夸奖别人这件事来讲，道理也是一样。要夸人，可以直截了当地夸赞，可以借助第三者的嘴巴转达你对他的赞扬，也可以采用明贬暗褒的方式。所谓明贬暗褒，顾名思义就是明着说一些不太中听的话，但延展开来却又包含着赞美的意思。这种夸人的说话方式，其实和明褒暗贬所起的作用恰恰相反，但直指人心的功效却又有一些雷同，即一语就能说到对方的心坎里。明褒暗贬能让人心中得暗箭，而明贬暗褒则能将夸赞直接传递到对方心里，令人受用不已。

不过，在动用这一说话方式时，措辞要根据你与对方关系的亲密程度以及对方的身份地位酌情选用。一般说来，这种办法多见于私交甚好的知己哥们，互相调侃揶揄时也捎带着夸他几句，例如你可以说你的好哥们“太傻了”“缺心眼儿”来赞扬他的淳朴厚道。但对于一般不太相熟的人，在运用这一说话方式前就要先动动脑子了，想一想你要说的话讲出来是否合适，你讲出来之后对方能不能立即听懂你话中的潜台词。试想如果你对着一个心思有些狭窄又与你关系并不是太亲密的人说“你真是缺心眼儿”，本意是想说他太厚道被人欺，但这却有可能招来对方误会，从而引起他心中的不快。因此，在运用这种说话方式时，务必要想清楚这样说话是否合适。

再有要注意的就是，虽说这一说话的方式可能会令对方心领神会更为受用，但措辞还是要讲究谨慎的。太伤对方自尊、讽刺味道太浓重的话尽量还是少说，否则可能会出现这样一种结局——纵然对方明知你的本意是好的，是想要夸赞他，但碍于面子，他还是会和你翻脸。特别是在人多的场合下，这种由于说话不太得体而招致不必要的麻烦的事情也并不是什么鲜见之事。

措辞小改变，事情大转变。但是，如果你讲话的对象是一个保守派或是一个头脑简单的人，那么你最好还是有话直说，别和他绕弯子了。

有时，商量的口吻不如坚定的语气

说话的内容重要，语气更重要。如果仔细观察，你就会发现，一般声音比较大的人，更容易给人一种强势的感觉，而唯唯诺诺，声音极小的人，则多给人懦弱的感觉。这是音量对个人形象的影响。还有就是说话的口气。很多人觉得跟别人说话应该用商量的口气，这是不错的，这样会显得更有礼貌，但如果总是用这种口气，也不太好，那样别人会以为这个人好说话，从而不太愿意听他的指挥。

如果想要让别人认同自己所讲的道理，那么就要用坚定的语气，要给人一种不容质疑的感觉，只有这样，我们所说的话才有力量。

当然，用这种语气说话也是要分场合的。如果是想要激励别人，自然要这样，如果仅仅是与普通的朋友聊天，那就大可不必了。跟客户谈判的时候可以偶尔这样，能够表现出我们对自己产品的自信，跟朋友争论道理的时候就不必这样了，自然讨论就好。

分清场合之后，就是具体的操作方法了。我们来看看马云在演讲中是如何用坚定的语气让大家认同他的看法的。

创业者没有退路，最大的失败就是放弃。今天很残酷，明天更残酷，后天很美好，但绝大部分人死在明天晚上，所以每个人都不要放弃今天。

很多人比我们聪明，很多人比我们努力，为什么我们成功了？难道是我们拥有了财富，而别人没有？当然不是。一个重要的原因是我们坚持下来了。

我想告诉大家，创业、做企业，其实很简单。一个强烈的欲望就是说：我想做什么事情？我想改变什么事情？你想清楚之后，你永远坚持这一点。

为什么我的座右铭是“永不放弃”？因为这世界上最大的失败就是放弃，放弃其实是最容易的。所以我想讲的是，活着就是胜利。这个世界上最痛苦的是坚持，而最快乐的也是坚持。

我一直认为，人一辈子都在创业。以前深圳有一个口号叫作“二次创业”，我不太同意这个。同一批领导是没有办法二次创业的，因为从第一天创业起你就一直在创业。

互联网进入冬天的时候，我们第一没有品牌，第二可以用的资金非常少，整个市场形势不是非常好，大家听到互联网转身就跑。当时很多人进来，也有很多人出去。我记得有一位年轻人，刚刚进入公司，我跟他说希望他最艰难的时候坚持下来不放弃。

这个年轻人说：“我记住了，5年之内我绝对不会走。”这5年来他们一起来的人都走掉了，当他快坚持不住的时候，我就跟他说我记得他当时讲的话。现在他坚持下来了，无论他的做事风格还是他的财富都已经非常成功了。

在长城上我们说要建立一个中国人创办的、全世界最好的公司，在最困难的时候，我们永远要回忆这个东西。我不知道该怎样定义成功，但我知道怎样定义失败，那就是放弃。如果你放弃了，你失败了；如果你有梦想，你不放弃，你永远有希望和机会。

短短的一段话，给人一种坚定有力的感觉。这就是用坚定的口气说话的好处，让人觉得说话者是不可置疑的，它表达的不仅是一种观点，更是一种态度和一种气场。有了这个态度和气场之后，听者自然就将我们高看一眼，觉得我们所表达的是正确的。

人不可以自负，但是却要有一定的自信。而表达自信、培养自信的最好方式，就是用坚定的语气来述说自己的想法。这样的人，才能得到更多人的认可。因为这是领导气质的关键所在。

想要培养自己的气场，不妨先试试让自己的语气坚定起来。

来硬的，不如说点“软”的

央视著名主持人白岩松也是一个懂得说话之道的人，2007年白岩松担任“广东十大金牌主持人大赛”评委时，其中一组选手抽到的辩题，正方观点是“能力比学历重要”，反方是“学历比能力重要”，两名选手正你来我往相持不下，白岩松站出来说：“当我一个人时，我坚持能力比学历重要，因为我只是本科毕业；当我和我老婆在一起时，我就坚持学历比能力重要，因为我老婆是硕士研究生毕业。”

措辞小改变，事情大转变。话与其硬着说不如软着说，说软话并不意味着自己软弱无能，恰恰相反，软话说得得当，不仅能缓和气氛，更会给人留下宽容大度的印象，让人心服口服，顿生敬佩之情。正如白岩松这句对妻子的“软话”，人们并不会认为他是妻管严，也不会认为他缺乏男子汉气概，反倒会认为他是个懂幽默、有智慧的男人，他的话不仅缓和了比赛现场的气氛，估计家中的妻子看到节目时也会心花怒放。

生活中，两个人在交流谈话时，难免会发生冲突，在发生矛盾后，双方的心里肯定都不痛快，很容易失态，口出恶言，把话说绝了。一时把话说绝了，痛快也只能是一时的，而受伤害的是双方长远的关系和自己的声誉。所以，即使有了再大的矛盾，我们也应该把握住一点，就是巧妙地说软话，给对方，也给自己一个台阶下。

一位顾客在商场买了一件外衣之后，要求退货。衣服她已经穿过一次并且洗过，可她坚持说“绝对没穿过”，态度也很不友善。

售货员检查了外衣，发现有明显的干洗过的痕迹。但是，直截了当地向顾客说明这一点，顾客是绝不会轻易承认的，因为她已经说过“绝对没穿过”，而且她精心地伪装过，再者，如果直接说破，也会让她没有面子。于是，聪明又善解人意的售货员绕了个弯子，说了段软话，并没有跟顾客正面冲突："顾客，我知道您说的是实话，可是有可能是你们家的某位把这件衣服错送到干洗店去过，因为这件衣服的确有已经被洗过的痕迹。不信的话，可以跟其他衣服比一比。我记得不久前我也发生过一件同样的事情。我把一件刚买的衣服和其他衣服堆在一块，结果我丈夫没注意，把这件新衣服和一堆脏衣服一股脑地塞进了洗衣机。我觉得可能你也会遇到这样的事情。"

顾客看了看证据，知道无可辩驳，而售货员又为她的错误准备了借口，给了她一个台阶下。于是就顺水推舟，收起衣服走了。

售货员如果没说这段软话，直白地揭穿顾客的"伎俩"，再强硬地驳回对方的要求，换来的只会是一场尴尬和不欢而散。现实中，人们普遍存在着吃软不吃硬的心态。特别是性格刚烈的人，如果你说话"硬"的话，他可能比你更硬；你如果来"软"的，对方倒会于心不忍，也就有话好好说了。

软话的威力可见一斑，那么是不是我们可以随意说软话呢？答案当然是否定的，软话要会说，说得妥当，才能服人心。

有的人不明白这个道理，他们和别人发生矛盾时要么态度强硬、把话说绝，与人反目为仇，谩骂指责仍难解心头之恨；要么彻底软下来，失去自我，或者一味地妥协退让，最终还是会导致双方不欢而散、甚至结下更大的梁子。

那么，究竟如何才能将软话说得恰如其分，让软话的威力得到发挥呢？

首先，把握好度。软话归软话，但既要含蓄地指出对方的错误，又要保留对方的面子；如果分寸把握不当，不但会给人留下不好的印象，也会使对方很难堪。

其次，内含道理。很多时候，你要想劝服人，说软话要比说硬话的效果好得多，然而软话并不是低三下四地哀求，而是一种斗智，是一种心理交锋，通过温柔的语言启发、开导，暗示并使对方按照你的意思行事。

会说软话、敢于说软话，能体现一个人的宽容大度和高尚品格。在正常情况下，人们的度量大小是很难表现出来的。而当一个人在难以容忍的时候，仍能说软话，包容人，那就能将他的度量看得一清二楚了。只有那些思想品格高尚的人，才会保持理智，以宽容的姿态，恰如其分地说软话。若这软话说得到位而且巧妙，更能深得人心，所以，能说软话的人肯定是一个受欢迎的人。

不在嘴上战胜别人

说话是一门技术，一个人会做事固然重要，但会说话也同样重要。

2010年娱乐百分百萧亚轩听证会上，罗志祥突然吓了一下萧亚轩，萧亚轩很镇静，黄宏生于是感叹她的潇洒，此时，萧亚轩说："因为我平时生活中，也是这个样子。"

罗志祥："什么啊，上次她彩排的时候，我在后面吓她，她就"哇"的一声叫出来，被吓到后，她就站起来，后来拿着椅子在大马路上打我。"罗志祥回忆这件事是想说她的胆子没那么大，但还是会令萧亚轩略显尴尬，此时黄宏生就替萧亚轩解围："因为有观众在。"萧亚轩笑着说："好了，今天开始我和小鬼主持。"罗志祥识趣地结束了正在说的话，紧接了一句："我主持费可不可以先拿，哈哈。"

毕竟，娱乐百分百是个娱乐节目，为了节目效果，这种主持人和嘉宾的笑梗说出来没什么关系，而且罗志祥和萧亚轩又是非常好的朋友，所以，这种对萧亚轩胆子大小的讨论也没什么关系，可即便如此，当萧亚轩开玩笑地说她要和小鬼一起主持的时候，实际上是希望罗志祥停止说这个话题的，机敏的罗志祥立即结束了这个话题，顺着萧亚轩的话就接了下去，并没有一定要得出萧亚轩胆子小的结论、争个嘴上的胜利。

可生活中我们经常遇到这样一种人，他们雄才纵横、逻辑清晰、学富五车；他们口若悬河、侃侃而谈、很有想法；他们喜欢让别人听他说话，却不太喜欢听别人说话，这样的他们并不怎么受欢迎。这其中的原因是什么呢？

因为，他们会把别人逼得哑口无言，非得逞一时之勇，非得在说话上战胜别人。如果你在无意中也存在这样的问题，那么请记得，上帝给了我们两只耳朵一张嘴。我们有权说话，他人也一样，当你要求他人倾听你时，你也要懂得倾听他人。这种逞口舌之勇的人若遇上一个包容的人，可能会给对方留下不好的印象、下次避开他绕着走；若遇上一个钻牛角尖儿的人，双方极有可能争执起来，发生语言甚至行为上的冲突。

人际交往中的语言冲突是十分有害的。它很容易造成一些尴尬的局面，甚至产生不可预想的结果，这对交往是十分不利的。所以，在与人交谈的过程中，应极力避免冲突。

何必争这没有意义的口头上的胜利呢？把无谓的胜利让给对方，让自己成为一个低调、谦卑、有风度、懂得迂回与有分寸的人，结识更多的朋友，岂不是更好？

把无谓的胜利让给对方的言语能力并非人天生的本能，而是后天练习的结果。口才的完善是很长一段时间的思想、语言行为、仪态、情绪等各个方面综合磨炼的过程，也是内在修养提升的过程。

要避免冲突首先就要提升自身的修养，避免与他人起冲突。再者，对于别人无意间的语言冲撞也要表现出应有的大度，让自己占据主动优势。即使是别人有意冲撞，你对之进行反驳时，也要严守一个“度”，把握住应有的分寸，否则就会造成不必要的损失。

1. 尊重他人的意见

说话是人的思想的反映，尊重他人的意见，也就是尊重他这个人。但有些人为了使自己的意见突出，引起他人对他谈话价值的充分认同，常自觉不自觉地对他人意见加以贬低、否定。结果引发了对方的不满和对抗，导致自己的意见未得到重视，并且遭到了冷落和否定，自己的形象也受到贬损。有些善说话者，在发表己见时，恰恰采取相反的态度，他们会巧妙地从不同角度对他人已发表出来的意见加以肯定和褒扬，甚至采取顺势接话、补充发言的方式陈明己见，这样别人就会保持一个积极的良好的心态去倾听他们的高论。最后，他们的意见圆满发表了，他们的风格也显示出来了。

2. 不与他人抢话争话

自己有真知灼见希望尽快发表出来，这种心情是可以理解的。但你同样也要给别人发言的机会，不能迫不及待，不能在他人侃侃而谈时，硬是卡断他人的话头，让自己一吐为快；或者他人正欲发言时，你捷足先登，把别人已到嘴边的话硬是挤回去，让自己畅所欲言。发表己见首先应具备的修养就是耐心，待别人充分发表了意见之后，或轮到你的次序时，你再发言也不迟，这不仅不会减轻你发言的分量，还会调动大家的情绪。

3. 不说侮辱性话语

说到口才修养，不得不提口德，“德”可以说是口才的灵魂。生活中，有些词语我们应尽可能地避而不用，尤其是有关生理特点的词，即胖猪、矮冬瓜、瘸子、聋子，有关身份的词，即乞丐、私生子、拖油瓶、妓女、白痴……一个注重言语修为的人，一个有益于他人的人，自然易于为他人所接受，他的话也就可能被别人奉为圭臬。就如“文如其人”是从写作角度说的，我们也完全有理由说“言如其人”。心理上的专注力、耐受力、进取心等品质，将使你更具个人魅力，使你的口才更富内涵。

措辞小改变，事情大转变。中国人办事讲人缘，中国人成功靠人缘。没有好的人缘，不知要失去多少成功的机会，干多少事倍功半的事情。人缘靠什么来维护？靠的就是这嘴上的功夫。一句话说对了，可能扶摇直上，平步青云。而一句话说过了，则可能“一着走错，满盘皆输”，毁掉一生前途。因此，要想立足于社会并取得成功，就一定要懂得把无谓的胜利让给对方，不争顺气争人气。

对方抛出来的话梗，接住好过躲避

某日，某位歌手在某地某饭店举办新歌发布会，汪涵为了表示祝贺，特地手捧一把大麦送上台去，说道：“祝你专辑能够大卖。”

此人见状故意设梗抬杠道：“咦？你这把好像是水稻诶！”

话说到此，如果换作是你，你当如何做呢？

“啊？这个真的是水稻不是大麦吗？不会吧，这个明明是大麦啊，你看嘛，这个就是大麦，没错的……”急赤白脸地赶忙澄清？这样说未免显得你太严肃太较真，而且毫无幽默感。

“呃，聊表心意啦！对了准备一张新专辑应该很辛苦吧，能不能给我们讲讲这中间的故事呢？”这样说？自以为聪明且不露痕迹地转移话题，也许确实可以使大家的注意力转到另外一件事上，但对方刚刚撂下的话没能接住，未免令一些好记性的人觉得有些不够过瘾。

这些反应尚且还好，但还可能出现的一种最弱势的行为就是——立马涨红了脸，支支吾吾无言以对。说的人冷场，看的人冷场，你更是恨不得找个地缝钻下去，整个现场一下子就从生机盎然的春天跌到了寒冷冰冻的冬天。

那么，汪涵是如何应对的呢？

“那更好啊，水（稻）到渠成嘛！”

顺势而为，稳稳当当地接住了对方抛出来的梗。这就是说话的精妙之处。

我们在生活里也经常会遇到这种情况，有一些是朋友知己间的善意调侃，有一些则是心怀鬼胎的人找茬或是暗地讽刺。无论是哪种情形，高明的办法就是接着对方的话茬往下讲，而低能的办法则是立马翻脸认输或是争辩较真。朋友之间，高明的招数可以让彼此间的气氛迅速升温热络起来，低能的招数则会令对方陷入尴尬且以后不敢再与你玩笑；对于那些不怀好意的人，高明的招数可以实现见招拆招，做得妙的话还能“反咬一口”把矛头指向对方，而低能的招数则无疑意味着向对方缴械投降不战而败，让对方奸计得逞。

举个例子来讲，假如你是个推销员，正在向某个客人推销你的商品。当你把商品的价格告诉他时，对方却皱着眉头对你说：“你们的产品太贵了！”你该怎样继续下面的话题呢？

低能的说法是，“我们的产品质量好，当然贵。”“不，我们的产品不是最贵的，还有比我们更贵的……”，较真，这显然会引起对方的反感。

比较低能的说法是，“是的，我们的产品确实贵”，此话一撂下就相当于自己把自己的路堵死，接下来的话题也就无法进行了。

高明的说法是，“您认为我们的价格比别家的高，是吗？”，这样一来，客人必定会回答“是”，而你又用了“您认为”，说明这是他的看法。接下来你还可以接着问：“那么，让我们来比较一下几样同类产品的性价比，好吗？”多数客人会答“好吧”，由此就可以不知不觉地去扭转他的观点了。当你完整地向对方展示了商品的价值和利益点之后，你的这笔生意离签单自然就不远了。

要记住，说话时对方抛出来的梗，接住好过于躲避。接住了，顺着对方的话往下说，见招拆招巧妙化之于无形，这会显得你更高明一些。千万不要就着对方说出的话反复较真，否则你就彻底输了。

未批先夸，欲抑先扬

2009年的某期《娱乐@亚洲》，请来了王力宏做嘉宾。

当时，王力宏刚刚出演了李安执导的电影《色戒》。

节目中，王力宏谈到自己在2000年时曾参加过《卧虎藏龙》的试镜，他说，自己很希望能在里面出演一个角色，哪怕是个路人甲都可以，但是，李安导演并没有选中他，言谈中仍带有些遗憾，他说当时他试的就是张震当年扮演的那个角色。

这时候，侯佩岑说道："这两个角色天壤之别，因为张震当年那个角色太狂，就是，整个一个很狂，就是一个野人，你就是一个文绉绉的大学生，你要知道自己的方向在哪里啊！"

王力宏哈哈地笑起来，点头表示认同她的话，说道："我不知道啊，当时，我不知道是什么角色。"显然，力宏很认同侯佩岑的观点。

侯佩岑："哦，那时候，《卧虎藏龙》你不知道。所以后来，第二次试镜，第二次找你再试一次，你应该整个就非常有信心了吧。"

侯佩岑的意思是王力宏可能真的并不适合当年张震饰演的那个角色，但是，她选择了先夸奖王力宏适合扮演年轻朝气、积极向上的大学生，这是对他外在形象和内在气质的双重赞美，然后，侯佩岑再说出他应该知道自己的方向。试想，如果这段话没有前面的赞美与夸奖，而直接就提出王力宏应该知道自己的方向在哪里这种话，是不是命令的色彩就稍显浓郁了呢？而且这样说的话，也有显摆自己的嫌疑，好像别人都不如自己似的。同时，王力宏接受起来也不会这么容易。

有很多时候，你对家人、对朋友，总觉得有些话不得不说，可是说了，反而把感情给伤害了，把事情给弄糟了。

但是，为什么良药就非要苦得让人难以下咽呢？忠言为什么就一定要让人听了难受呢？医药科学发展至今，许多“良药”或包糖衣，或经蜜炙，早已不苦口。语言科学发展至今，讲究批评的方式方法与语言艺术，也可做到“忠言不逆耳”，老少皆喜欢。那就是，在批评之前先夸奖，让对方更容易听进去。

某领导发现秘书写的总结有不妥之处。他是这样批评秘书的：“小张，这份总结总的来说写得不错，思路清楚，重点突出，有几处写得很有见地，看来你下了功夫。只是有几个地方提法不妥，有些言过其实，有的地方尚缺定量分析，麻烦你再修改一下。你的文笔不错，过去几次写总结也是越修改越好，相信你这次也一定能改出一个好总结来。”

这样说，秘书会感到领导对自己很公正、很器重，充满期望和信任，就会很卖力地把总结改好了。

柯立芝任美国总统期间，一天他对女秘书说：“你今天穿的衣服很漂亮，你真是一位年轻迷人的小姐。”

女秘书受宠若惊，因为这可能是沉默寡言的柯立芝对她的最大夸奖了。但柯立芝话锋一转，又说：“另外，我还想告诉你，以后抄写时标点符号要注意一下。”

像柯立芝这样在批评之前先表扬对方，以表扬来营造批评的氛围，就能让对方在愉悦的赞扬中同样愉悦地接受批评。因为人们在听到别人对自己某些长处的表扬之后，再听到他的批评，心里往往会好接受得多。

然而，有一点我们需要注意，有许多人在真诚的赞美之后，喜欢拐弯抹角地加上“但是”两个字，然后开始一连串的批评。举例来说，有人想改变孩子漫不经心的学习态度，很可能会这样说：“小虎，你这次成绩进步了，我们很高兴。但是，你如果能多加强一下代数那就更好了。”

在这个例子里，原本受到鼓舞的小虎，在听到“但是”两个字后，很可能会怀疑原来的赞美之词。对他来说，赞美通常是引向批评的前奏。如此赞美的真实性会大打折扣，对小虎的学习态度也不会有什么帮助。

如果我们改变一两个字，情况就会大为改观。我们可以这么说：“小虎，你这次成绩进步了，我们很高兴。而且，如果你在数学方面继续努力下去的话，下次一定会跟其他科目一样好。”

这样，小虎一定会欣然地接受这番赞美，因为后面没有直接明显的批评。由于我们间接地提醒了应该改进的注意事项，他便懂得该如何改进以达到我们的期望。

未批先夸，实际上就是一种欲抑先扬的方式，即在批评别人时，先找出对方的长处称赞一番，然后再提出批评，最后再使用一些鼓励性的词语。这种方法使人认为你的批评是公正客观的，自己既有过失，也有成绩。这样减少了因批评所带来的抵触情绪，就能收到良好的批评效果。

PSYCHOLOGY OF

SPEECH

第五章

说好难说的话，做好难做的事

用“好像”“可能”等词语应对尖锐话题

谢楠，光线传媒旗下主打节目《娱乐现场》《最佳现场》《影视风云榜》的当家主持，在一期采访演员曹曦文的节目中，她要问嘉宾一个关于个人感情的问题，但是，那时，嘉宾刚刚经受了失恋的打击。

谢楠：“曦文拍戏期间特别辛苦，拍完之前的戏还没有休息，就进了下一个组，然后在拍摄过程当中，睡眠时间也特别少，而且我听说，其实，除了这些之外，刚好自己那时候，感情也在经历一个很大的动荡，所以就变成说，内力和外力就是天人交战那种，外面也给了你很大压力，你自己也不放过自己……”

曹曦文：“生活中的事情，在生活中解决，决不能影响工作。”

谢楠：“我们都相信你的敬业和你是绝对不会影响工作的，但问题就是，本来只给你六个小时睡眠，你这六个小时睡得着吗？”

曹曦文：“所以，那个时候张桐给了我安眠药。……”

后来，那期节目在很温馨的氛围中结束了，嘉宾也讲了很多自己的内心感受。

譬如谢楠对嘉宾提出的这类问题，实际上是很尖锐的，但是，谢楠却用了一个相对模糊的问法，没有直接提出失恋这个词汇，而且在提问之前，铺垫了很多体谅与理解的话，两相结合，减小了这个问题的冲击力。

对付一些比较尖锐的话题，最好使用模糊语言，给对方一个模糊的意见，或者多用一些“好像”“可能”“看来”“大概”之类的词语，并用委婉的语气，显得留有余地，效果会更好一些。

例如，当学生在课堂上回答不出问题时，作为老师一般不应这样训斥学生：“你怎么搞的？昨天你肯定没复习！”而应当用模糊委婉的语言表达批评的意思："看来你好像没有认真复习，是不是？还是因为有点紧张，不知道该怎么说呢？"而且应当进一步提出希望和要求："希望你及时复习，抓住问题的要领，争取下次做出圆满的回答，行不行？"这样既给了学生面子，又能达到激励的好效果。

什么是尖锐的话，我们应首先在头脑中有个界限，分清什么是平和的话题、何为尖锐的话题。俗话说"人有脸，树有皮"，此话道出了人性的一大特点：爱面子。而尖锐的问题，往往会使得他人没有台阶可下，让人有失颜面。所以，遇事待人，应谨记一条原则：必不得已要涉及尖锐的话题时，也应想办法保留他人的面子。那些处处在言语上刁难别人，还自以为聪明，说话尖锐的人们，就是因为没有多考虑几分钟，没有照顾到别人的面子。其实，只要我们讲几句关心的话，为他人设身处地想一下，模糊自己尖锐的语言，减少话题的冲击力，就可以缓和许多不愉快的场面。

某厂有个团委书记，年轻漂亮，能歌善舞，温柔妩媚，深深地吸引着小伙子们的心。一天，一位技术员正式向她求爱，尽管她不喜欢这个求爱者，对他的虚伪奉承十分反感，但她还是以礼相待，很亲切地对他说："对于你的求爱，我表示感谢。但是，我现在还很年轻，想把精力用到工作、学习上，目前还不准备考虑个人问题。因此，有几个小伙子向我求爱时，我也都一一拒绝了。希望你能谅解我。你自己也不必因此灰心，你是个有出息的青年，将来一定能找到比我强的姑娘。如果需要，我愿意为你帮忙……"

姑娘以自己主要的精力要放在工作、学习上作为拒绝他的理由，并表明自己现今也不接受其他男子的求爱，这保全了男子的颜面，让他知道不是他自己的问题而是女方的问题。姑娘用模糊的语言来婉拒而非尖锐地拒绝，减少了不接受小伙子爱意这一举动的冲击力，是利人利己的智慧做法。

尖锐的话题伤人，但有时却不可避免地要涉及到，作为交流的一方，我们能做的就只剩下减少尖锐话题的冲击力这一点了，用模糊的语言来说尖锐的话，给他人一个缓冲的空间，给对方一点理解与关怀，或许，反馈给我们的会是另一种美好。

对冗长谈话一言以蔽之

大多数人都会遇到这样的谈话伙伴，他们既不懂得交往分寸，也不晓得轻重缓急，恨不得初次见面就把你的底细调查得一清二楚，以至你会产生错觉：对面的这位难道是职业调查访问员？

如果你不幸遭遇这样的谈话局面，我们只能表示同情了，因为在谈话中你已经陷入了极为被动的局面：

“他到底有完没完，一直在问我很私人的问题。

“他问的问题实在是很复杂，如果我要解释清楚的话需要很多很多时间才行，但是我实在懒得跟他讲呢。

“我用很漫不经心的态度来轻描淡写地回答，但是这人似乎毫无察觉，依然兴致勃勃地问东问西。天啊，谈话什么时候才能结束。”

这时候，可怜的你早就听不清对方讲的是什么，只是一心祈求天神帮你关掉这个话篓子了吧。

对方喋喋不休地发问让你感到很无语、很恼火，有没有什么方法能帮你关上这个话匣子，又不会让对方觉得你太不关心他呢？

如何拒绝或主动引导对方转移话题，实在是一个很有含金量的技术问题，它需要你在特定的时间用恰到好处的话来打断他，在能起到很好的收敛效果之余，还能够将话题再延续下去——当然是朝着你希望的方向进行。

说话达人汪涵也遇到过同样的问题。有一次接受采访，主持人对他小时候的“大侠风范”很是好奇，于是开始了发问，可能是为了挖掘出汪涵大哥的另外一面，支持人就一直在这个问题上打转转。

“我很想知道您小时候是一个怎样的孩子？一方面觉得您应该很听话很乖，但是也有资料显示您有一些大侠情怀，所以我有一些迷惑。”

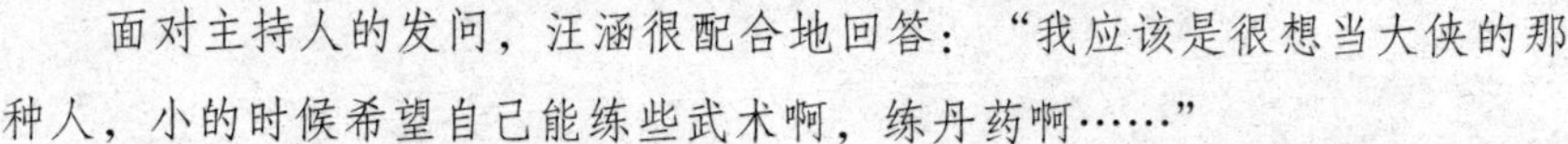

面对主持人的发问，汪涵很配合地回答：“我应该是很想当大侠的那种人，小的时候希望自己能练些武术啊，练丹药啊……”

主持人打断了汪涵，很好奇地问：“丹药？”

“对，我到对面的哥哥家玩，看到他的桌子上有一本《少林点穴功》，然后回到家开始修炼，每天早上三点钟起床，那时候叫寅时，要练‘大力金刚指’，每天早上从三点练到五点。”

主持人继续问：“怎样练呢？”

练功那茬儿显然不是一两句话能够说清楚的，而且按照主持人的兴致，可能会产生出更多的好奇，这场访谈就越来越远离主题啦。汪涵一言以蔽之：“过程太复杂了，传男不传女。”

这一句话将主持人逗笑了，主持人打了一个圆场之后就开始了别的话题。要是顺着主持人的好奇心下去，恐怕还要在“汪涵到底是一个怎样的孩子”上不断地挖掘吧。很奇怪，我们明明感觉到了汪涵这句回答中“stopasking”的意思，却又无法从字面上看出来这个意思。这正是阻止对方越问越远的高招——要让对方明白自己不想在此事上多说的意思，又要不妨碍下面的交流。

天衣无缝的拒绝方式，显示着一个人的好口才。

拒绝的方式其实有很多，除了上述所说的“愉快式拒绝法”之外，还可以使用“盾牌式拒绝法”，每个人都可以在必要时虚构一个“后台老板”，把自己的意愿都归到他身上，适当地弱化自己的地位，表现出一种对决策的无权控制的状态，从而全身而退，拒绝的效果立竿见影，对方也无法进一步提要求。

当然，你也可以主动把兴趣调到你想要谈的下一个问题中，比如老妈总是问你有没有交男朋友，或者三姑六婆总是拐弯抹角地问你什么时候带着她回家，你最好的办法不是说“还没有计划呢……”这样子只会让她们觉得自己发挥余热的时刻到了，更是要给你出主意、提方案，你最好是把话题转到她们的发型啊，身材啊，服装打扮和手艺上，妇女党们最吃这一套了。

奉劝别人的话委婉指出

朋友把他一篇自认为不错的文章拿来向你请教，读完后你才发现，写得实在太糟糕了，为了他以后的发展，你想诚恳地给他指出但是又怕伤了他的自尊，这时你该怎么说？

奉劝别人的话很难说，怎么说，说什么，很重要。

1887年3月8日，美国牧师及演说家亨利·华德·毕奇尔逝世。就在那个星期天，莱曼·阿伯特应邀向那些因毕奇尔的去世而哀伤不已的牧师们演说。他急于做出最佳表现，因此把他的讲道词写了又改，改了又写，并像大作家福楼拜那样谨慎地加以润饰，然后读给他的妻子听。

实际上，他写得很不好，就像大部分他以前写的演说一样。

但是，他的妻子只是说，这篇讲稿若登在《北美评论》杂志上，将是一篇极佳的文章。换句话说，她称赞了这篇讲稿，但同时又很巧妙地暗示，如果用这篇讲稿来演说，将不会有好效果。莱曼·阿伯特知道她的意思，于是把他细心准备的原稿撕碎，后来讲道时甚至不用笔记。

试想一下，如果莱曼·阿伯特的妻子这样说："莱曼，写得真是糟糕，念起来就像一部百科全书似的，你会使所有听众都睡着的。你已经传道这么多年了，应该有更好的认识才是，你为什么不像普通人那般说话？你为什么不表现得自然一点？如果你念出这样的一篇东西，只会自取其辱。"结果会是怎么样的呢？

因此，奉劝别人的话并不是随口说出来的，我们必须要思考以什么样的方式说出来才不会让对方难堪，对于那些有自知之明的人，最好采用暗示的方式。

如果你想让自己的话语起到既可以让对方认识到自己的不足又不伤他的面子的效果，你应该铭记：

以点带面，点到为止。

面带微笑，语气要温和。

用商量的语气来提醒。

提醒之前先肯定。

将沉重的话题诙谐地说

《天下女人》之盲人教授杨佳那期节目，向观众展示了嘉宾杨佳既艰难又幸福的人生。杨佳，1963年出生，中国科学院研究生院教授，联合国残疾人权利委员会副主席、第十一届全国政协委员、中国科学院十大杰出妇女、中国盲协副主席。杨佳19岁大学毕业留校任教，24岁成为中科院最年轻的讲师，但在29岁时不幸失明。她毅然选择在困境中重生，克服种种困难，付出比别人多几倍的心血和汗水，不仅重返讲台教博士生，组织科研项目，还成为哈佛大学建校300年来第一位获MPA学位的外国盲人学生，成为联合国残疾人权利委员会副主席。

杨佳如此艰难曲折的人生，既让人佩服、又让人心疼，许多人的泪水情不自禁地流下来。面对这样一个场面，杨澜意识到不能这么沉重下去，要给人希望和力量，所以，她极力地将沉重的话题扭转，让气氛更轻松。

当大家感动于爸爸对杨佳多年来默默的奉献，都在流泪时，杨澜说了一句："我觉得老爸爸特棒，你看他那精神头，腰板特直，叔叔您年轻时候是帅哥吧，我还有个问题我想问杨佳，当一个人眼睛看不着的时候，他对这个世界的感知会发生什么变化，往好处说啊，当然我们都知道失去视力，这个是在各种残疾当中，我觉得最残酷的一个，但是比如说，你现在对声音非常敏感，对吧。"

杨佳："对。"

杨澜："然后你所感知的这个世界，与我们这种成天五光十色的，看到的有什么不一样，它甚至可能会让你对这个世界的认知更清楚一点，我的猜测。"

杨佳："你的猜测非常正确。据我自己啊，后来的这一段经历，引用你当时那个，做《正大综艺》的那个，就是说，世界真奇妙，我就变成了，我用另外一种方式来看世界，去领悟世界。”

杨澜：“不，你应该这么说，当初我是说‘不看不知道，世界真奇妙’，你说‘不看才知道，世界真奇妙’。”说着，全场观众笑了起来，并报以热烈的掌声。

其实，在生活中为了应付人生大大小小的挑战，你需要力量——不论你是为人父母还是为人子女，是教师还是学生，是售货员还是消费者，是领导还是职员，是上司还是下属，幽默都能赋予你战胜困难的力量。所以，在沉重的话题中，幽默能赋予你举重若轻的力量。幽默的力量体现在沟通上，就像我们打开电灯开关，电力会沿着电线输送到机器上一样，只要按下幽默的按钮，也能促使一股特别的力量源源而来。我们可以把这股幽默的力量导向他人，并与他人直接沟通。

我们了解了沉重话题诙谐讲的重要性后，还要明白如何才能将沉重的话题诙谐地说、让谈话轻松起来。

首先，沉重的话题大多为生活中的烦恼与困难，我们先要正视这些问题。生活绝非全是幸福，与幸福相对的就是烦恼，他们是一对孪生的兄弟，谁也离不开谁。面对沉重的话题，每个人都应该先去找解决问题的办法，创设诙谐的氛围，学会生活得更快乐，以轻松的心情面对自己，让沉重变得轻松一些。

其次，要善于从积极的角度思考问题。我们在谈论沉重的话题时，除了要理解他们的艰难，往往还要运用积极乐观的思考方式，使沉重的话题变得轻松，让人们感受到积极乐观的鼓励而不是悲伤的同情。在沉重的话题里，幽默可以发挥令人意想不到的效果，它可以增进交谈双方的感情，调节气氛，制造亲切感；它还可以消除悲伤和低落，使谈话氛围变得轻松，让人们快乐地面对生活。

最后，添加幽默。我们可以学会以笑来代替苦恼，借着幽默的力量，我们能使自己和他人超越痛苦。

用诙谐的语言讲沉重话题，让幽默的力量体现在沉重的话题里，它可以消除紧张，解除压力。它可以化解伤痛，使我们获得成长；它还可以使我们精神振奋，信心陡增，使我们摆脱许多不愉快的事情。

幽默是沉重话题的添加剂，沉重中往往存在着幽默，如果你能发现它，并且用幽默的语言来解释它，那样你的生活就会越加充满乐趣。幽默是艰苦生活的调味剂。生活有时是相当艰苦的，有幽默感的人善于苦中作乐，鼓励自己克服困难，渡过难关。

拒绝不是决裂，别咬牙切齿地回绝

一个人，难免不求人，也难免被人求。不管是求人还是被人求，有时候都不是一件愉快的事情。前者不愉快是因为我们要放低自己的姿态，祈求别人。后者让人不愉快则是对方所求的事情，我们未必能够做到，但又不好意思去拒绝。

这时候，就要看表达能力了。一个会说话的人，即使回绝了别人也不会让人感到不快，他们敢于说不，更懂得如何说不。

一位名叫宫一郎的青年去拜访广源先生，想将一块地产卖给他。

广源听完宫一郎的陈述后，并没有做出“买”或者“不买”的直接回答，而是在桌子上拿起一些类似纤维的东西给宫一郎看，并说：“你知道这是什么东西吗？”他似乎忘记了宫一郎上门的目的。

“不知道。”宫一郎回答。

“这是一种新发现的材料，我想用它来做一种汽车的外壳。”广源详详细细地向宫一郎讲述了一遍。

广源先生共讲了15分钟之多，谈论了这种新型汽车制造材料的来历和好处，又诚诚恳恳地讲了他明年的汽车生产计划。广源谈的这些内容宫一郎一点也听不懂，但广源的情绪感染了宫一郎，他感到十分愉快。广源先生送宫一郎离开时顺便说了一句：不想买那块地。

广源的高明之处在于他没有一开始就回绝宫一郎。如果那样，宫一郎一定会滔滔不绝地劝说他买那块地。广源采取了回避的态度，装作好像根本没听懂宫一郎的话，没有给他劝说的时间，在结束谈话时轻轻一拒，不失为高明之法。

现实生活中，对一些不合理的要求，无法做到的要求，或自己不愿意允诺的要求，本来是应该拒绝的。只是由于人情关系、利害关系等，让人很难说出一个“不”字。这时你不妨采用装傻充愣的手段来拒绝，装傻充愣有两种形式：一种是沉默不语，装聋作哑；另一种就是答非所问，模糊应对。这两种形式都体现了一种大智若愚的拒绝态度。

当然，如果这样的拒绝方式不是你的风格，那么你可以直接面对，但要注意拒绝的时候的态度和讲话方式。拒绝别人不是一件什么罪大恶极的事情，也不要把说“不”当成是要与人决裂，老死不相往来，绷着一张脸，而应该带着友善的表情，诚恳地跟对方讲明自己拒绝的理由，告诉他们自己的难处，多做些解释。如果我们拿出一个可信的理由，任何人都会给予理解并安心接受的。

用问句，将问题抛回给提问者

几乎所有的人都害怕和“法拉奇”式的人交流——以为他什么都敢问，不怕你生气也不怕你难堪，他提问的架势就好像这辈子不会再采访你第二次似的，把什么不好说的问题都堆在你面前。遇到这种情况，我们要怎样面对呢？下面先看一个例子：

主持人汪涵有一次遭遇了这样的记者。

记者：“会不会觉得超女的游戏规则有点残酷？”

汪涵：“残酷吗？还好啊。既然是游戏，就不能说残酷。游戏本来就是为了好玩。”

记者：“比如说海选，为什么这个东西要存在？比如说点评有些过火。有些人会有这样的疑问。”

汪涵：“为什么过火呢？他们说的都是真的。”

记者：“你们对评委有什么要求？”

汪涵：“就是说真话，用你的专业标准来看。她根本唱不了，你还要让她朝这个圈圈里面钻，那你不是看着别人往火坑里面跳吗？我个人觉得，与其给她一些甜言蜜语哄她，不如现在直接告诉她。”

记者：“评委的话不是很委婉，你能不能接受。”

汪涵：“能行就行，不行就不行，干嘛不直说呢？她们非常非常真诚地希望把她们在音乐世界里寻找到的快乐，拿出来跟大家分享，但那只是她在她那个层面上寻找到的快乐，这个快乐可以娱己，但是如果你想通过超级女声这个舞台，用那样的五音不全的音调，去娱人的话，肯定是不行的。所以，我们的评委告诉你，你不行。”

记者：“央视对于超女的批评，你已经做过回应了。是不是你们的节目和央视的冲突很大？”

汪涵："他们不是也弄了个《梦想中国》吗？也是几个赛区嘛。"

记者："那你认为的低俗是什么样的？那个界限在哪里？"

汪涵："你看，我们没有宣扬色情吧，我们没有宣传暴力吧，那还要怎么样？"

汪涵在回答问题的时候一直连续使用反问句，有些地方出现设问句，这种语气、语势表现出了他的自信，同时在一些地方又能够巧妙地将问题抛回给记者。让人感到言简意赅，严肃有力。

在一问一答的谈话接力赛中，回答者往往会受制于提问者。如果遇到提前已经做好准备的提问者，那么，他的问题会如滔滔江水般连绵不绝，甚至还会带有层次感的难易梯度。所以，当你在和一个人谈话的时候，你突然发现你们的谈话局势是他一直在问，而你一直在答。这个时候，最好的方法就是用问句，将问题抛回给提问者自己。

所以，学着在说话的时候用一下问句吧，比如说"你难道不觉得……""干嘛还要这样呢？"之类的提法。这种句式会给你带来如下的好处：

首先，提一个问句，可以引发对方的思考，这个时候对方若意识到自己的问题很无聊，或许你就可以解脱了。

其次，问句可以加强语势，比平铺直叙的陈述句更加豪迈。

再次，问句其实更能强调自己的立场，问句本身就具备感叹句的作用。

说错了话就及时道个歉

在某期《非诚勿扰》的舞台上，新上场的天津女嘉宾葛晓磊表示想找到愿意吃她剩饭、剩菜的男友，并且透露她的前男友乐意这么做，孟非随即反问为什么她的前男友这么好还选择分手，此时，葛晓磊很伤心地透露前男友病逝，听完这句话后，本来是随口开个玩笑的孟非立刻收起了笑容，很严肃并且很郑重地转身对女嘉宾连声表示："对不住，对不住。"

孟非无意中的一个疑问，虽然本没有任何伤害别人的意思，但还是对女嘉宾造成了一定的伤害。当他得知女嘉宾的前男友去世后，就立即向女嘉宾道歉，对因自己的提问而勾起女嘉宾伤心的过往非常抱歉，这个道歉非常及时，将对女嘉宾的伤害降到了最低。

每个人不可避免地会说错话，做错事，得罪人也在所难免。严重时，甚至会给别人造成沉重的精神痛苦和巨大的经济损失。对此，我们需要及时认识到自己的错误，诚恳道歉，并主动承担责任，一般而言，都会得到别人的原谅。

小雯借朋友的衣服穿，却不小心把衣服刮破了。小雯觉得很抱歉，就在还衣服的时候，很诚恳地对朋友说："对不起，我不小心弄破了你的衣服，这是一个裁缝的电话，我已经联络过他了，他说可以补得像没坏的一样。"

这种正面的直接道歉是最好，也是最佳的方式。假如小雯在还衣服的时候只是说："衣服破了，我赔钱给你吧。"对方肯定会婉言谢绝，而且心里绝对会不舒服，更会觉得小雯的"道歉"只是形式上的，不够真诚，他们之间自然会产生隔阂。

当然，道歉除了直接的方式，也有间接的方法。道歉的方法多种多样，要根据具体的情况选择适当的方式方法，才能取得对方的谅解。

当过错严重、对方对你成见很深时，直接当面道歉肯定会被对方劈头盖脸地训斥一通，这时候对方只会发泄情绪，难以接受道歉，所以最好通过第三者先转达自己的歉意，让对方先消消气，然后等对方心情稍有平静之后，再亲自道歉。

一次，苏东坡去拜访王安石，恰逢王安石不在家，但见其书桌砚台底下压着一首未写完的诗："昨夜西风过园林，吹落黄花满地金。"苏东坡想：菊花有傲霜之骨，花瓣怎么会四处飘落？王公真是"江郎才尽"铸成大错啊！于是，苏轼挥笔续诗："秋花不比春花落，说与诗人仔细吟。"然后拂袖而去。

过了些时候，苏东坡去后花园赏菊，正值刮了几天大风，园中十几株菊花枝上，一朵花也没有，只见落英缤纷，满地铺金。苏东坡一时瞠目结舌，想起那两句续诗，羞红了耳根，想亲自向王安石道歉，又担心解释不清，自讨没趣。他终于想出了一个办法，便邀请王安石最亲密的诗友王令来家做客。然后向他说了那天乱改诗句的事情，随后感叹："我迄今对王安石深感惭愧内疚，这事给我的教训太大了，凡事不可自恃聪明，随便讥笑别人啊！"

后来，王令将苏轼的歉意转告给了王安石。王安石知其良苦用心，消除了与苏轼的隔阂。

现实生活中，也不乏这样的情况，有些人明知自己错了，也想向对方表达歉意，然而由于自尊心太强，面子太薄，当面道歉难为情，或者双方因为其他的原因不便亲自对话，这时，就可以考虑巧妙地借用"媒介"，让中间人为自己转达歉意。这种技巧使用起来，有两个关键之处：一是选择合适的中间人，最好是对方的好朋友；二是你与中间人交谈时一定要恰到好处地表达歉意，并且让中间人明白你的良苦用心，这样，中间人才会替你转达歉意。

如果实在不好意思当面道歉，又找不到合适的第三方在中间周转，那你可以采用其他的方法来表达歉意，不妨像下面故事中的小伟学习一下。

小伟在朋友的生日宴会上喝多了，将女主人最喜欢的一个花瓶失手打碎，以小伟的经济实力根本赔不起这个花瓶。为了表示自己的歉意，小伟挑选了一张精致的贺卡，写上了自己的歉意：我知道我的行为给你们造成了困扰，也知道自己的行为是无法原谅的，请相信我绝对不是故意的。如果当时我没有喝醉，也就不会发生那种事情了，所以请接受我最真挚的歉意。小伟将卡片亲手交到朋友手里，并带了一瓶朋友最喜欢的酒，不是为了表示赔偿那个花瓶，而是为了表示真诚的歉意。

小伟的这种道歉方式很艺术，你也可以不直接说出“对不起”，而是像小伟这样用一张卡片或是一份小礼物，表示歉意。

所以，当你犯了错并给别人造成困扰时，最重要的是不要逃避，要勇于承认自己的错误，开口说声“抱歉”，用真诚的歉意化解矛盾，解决问题。首先要意识到自己错在哪里；其次，道歉贵在一个“诚”字，不要说遮遮掩掩的话，当然，也要注意，不能说奴颜婢膝的话，一旦夸大其词，一味往自己脸上抹黑，反而会给人留下虚伪的印象。

道歉，不只是“对不起”简简单单三个字，还是一种心灵美的外在表现。勇于道歉的人，也是善于体谅别人，善于设身处地为他人着想的人。所以一旦发现自己做错了，一定要及时地、真诚地表达歉意，这样更容易得到别人的原谅。

PSYCHOLOGY OF

SPEECH

第六章

成功多青睐善于说话的人

将自己擅长的领域骄傲地讲出来

每个人都有自己的长处，也都有自己的短处。不过有的人的长处是能引起别人共鸣的，是大家都想要的，而有的人的长处相对来说是引起共鸣少的，是大家所不太在意的。于是，我们的生活中便出现了很多优秀的人，和一些不够优秀的人。就比如马云，他的长处是经营公司、演讲等，这些都是别人所想要的、所羡慕的，所以大家都崇拜马云。而我们无法获得马云那般的崇拜度。就是因为我们所擅长的领域不具备公共性，难以引起大批量人的共鸣，因此虽然我们可能在自己擅长的领域也做到了马云那般的优秀，但还是无法像马云一样，得到众人的拥戴。

这是现实决定的，不要因此气馁。更重要的是，要懂得尽量展现自己。我们或许无法像马云一样，得到全世界的认可，但可以做到让自己身边的人都认可我们。这也是一种成功。

想要获得这样的成功，就需要建立一种专业领域内的自信。只要我们在自己擅长的领域内做得足够优秀，然后将之表达出来，就可以了。事实上，马云很多时候也是这么做的。

下面是马云一次演讲中的一段。

当年我们和中国电信一个三产企业发生了竞争，它那时候的注册资本是2.4亿人民币，中国黄页的注册资本是5万，相比之下，我们的竞争非常惨烈。但是大象要踩死蚂蚁也不是那么简单的，只要有好的策略，蚂蚁照样可以活下来。所以八个月后，我们谁也弄不死谁。

于是大家就坐下来谈，他们建议双方构成合资企业，他投140万人民币。天哪，那时候我们总共的注册资金才5万，我一听见140万，心花怒放，好，脑袋一拍就干了，但是合资企业成立以后，灾难就来了，董事

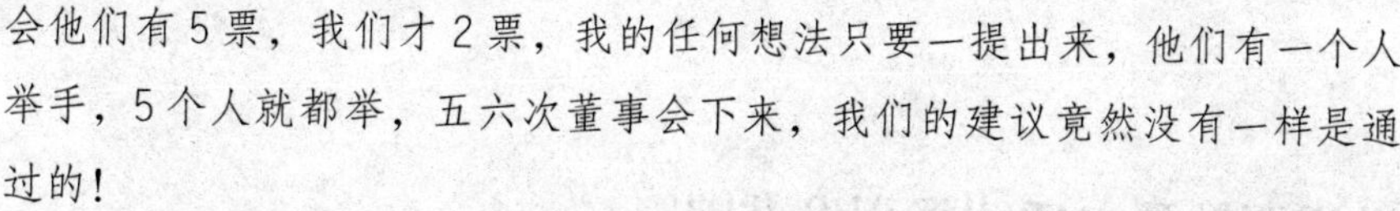

会他们有5票，我们才2票，我的任何想法只要一提出来，他们有一个人举手，5个人就都举，五六次董事会下来，我们的建议竟然没有一样是通过的！

当时才意识到140万是个陷阱。因为双方目的不同，我看140万资金是想到了可以不受资金限制去大展手脚，他们想到的却是——140万就可以灭了我们！

这一次，我们吸取了教训，拿到了钱却丢掉了最宝贵的东西，因为你本来可以实施的东西都不能实施了，从那时起，我就有了一个坚定的信念：今后创办公司，永远不控股公司，一定要给下面充分的理解和支持，不让他们觉得痛苦，我讨厌别人没道理地控制我，我也不去控制别人，有人要控制你，你就得留一条后路或者尽早离开，那绝非好的合作对象。

领导凭借的是什么？一个好的CEO必须认识到，资金是为我们服务的，来管理这家公司，不失主宰，真正有关键作用的是CEO的胆识、气魄、智慧和眼光，而不是靠股份控制，我自从吃过电信的亏以后，我把公司所有的股份都分给员工，大家平分。

马云这番话说得自信满满，铿锵有力，给人一种极度自信的感觉。他能做到这般，就是因为他能够读懂市场，能够正确判定市场的形势。这是马云擅长的领域，因此他讲起来，我们会非常愿意听。

我们要学习的就是这点，将自己擅长的领域，很骄傲地讲出来。当我们这么做的时候，我们本身传递的就是一种自信。这份自信，可以让我们获得更多的好评，别人也会通过我们的表达，觉得我们很是优秀。

不要觉得自己不如别人，所谓尺有所短、寸有所长，每个人都有每个人的优点，也都有自己擅长的领域。将这些长处大声喊出来，自然就有更多人听。一个人，真正吸引人的时候，就是用自信的语言介绍自己擅长的领域的时候。哪怕对方听不懂，也会被我们的这份自信和坚定所感染，从而觉得我们是一个有魅力的人。

说话要触及本质才能引发共鸣

马云是一个高调的人，但并不张扬。在为人处世上，马云向来都能把握住最好的度。正是因为这样，才能有那么多人喜欢他。纵观其他人，不是太过张扬被人嫌弃，就是太过低调，丝毫引起不了别人的注意。不过，张弛有度的马云，也经常会语出惊人，表现其犀利的一面。

马云是一个民营企业家，从一无所有，到拥有一个庞大的阿里帝国，这其中经历过辉煌，也碰到过麻烦，不过他都挺了过来。其间自然积累了很多经验。

马云的这些经验，是面对赤裸裸的现实总结出来的，很多都是血的教训。

一般来说，一个人开始创业的时候，都是满怀憧憬的，这时候他是一个理想主义者。在遭遇困境，发现创业很残酷，跟自己幻想的不一样的时候，就会抱怨现实。这时，他听到了马云从血泪中总结出的经验和道理，是不能接受的。因为这跟他们内心的理想幻境差异太大。不过马云的犀利就在于他只说真话，讲真理，而不去在意这些人的感受。这是一种原则，也是在对后进者负责。忠言总是逆耳的，只要它有用、触及了本质，就要讲出来。

在重庆举办的一次商业活动中，面对众多的企业家，马云说：

“世界经济越来越复杂，但大家的机会都是一样的，你差的时候我也差，我认为民营经济现在很难，但不是最难，相比30年前，民营经济已越来越好，我们应该感谢这个时机。

“创业的成功，很少人是因为听了经济学家的，因为经济形势的好和坏与经济学家没什么关系，好形势下有坏企业，坏形势下有好企业，因此，

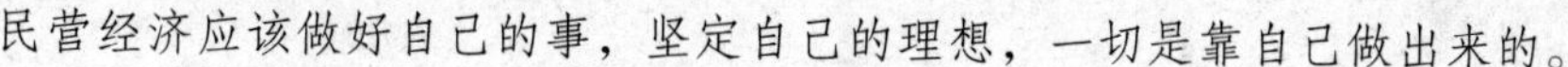

民营经济应该做好自己的事，坚定自己的理想，一切是靠自己做出来的。

“我坚信中国经济要走出困境，一定是靠民营企业，但很遗憾地是刚听到有人在说需要政府出什么政策，光是等政策就像鸦片一样，上瘾就停不掉，面对困境，民营企业更多地需要靠自己的努力，就像下雨天不一定就会把人淋湿，只要你躲得好。

“阿里巴巴现在获得了一些成功，但我们的成功靠的是什么，比我们聪明的人多如牛毛，在阿里巴巴上市的时候已经有七八百位百万富翁，我当时就问，是真因为我们能干？反正我连高考都考了3年，成功是因为我们执着。

“我创业的时候曾想证明一件事情：如果马云创业都能成功，那么80%的人创业也能成功，因此大家一定要有理想和执着。

“做企业不是做今天，而是做10年以后，上世纪做生意我们靠寻找机会，而这个世纪我们做生意要解决社会问题，只有解决社会不断出现的问题才能有机会，坚定走10年，企业一定会走出来。”

这是一段很犀利的话，丝毫不给人留情面。很多人听了这段话后，可能会感觉不舒服，因为马云否定了他们的某些做法和看法，但我们又不得不承认，马云说的是对的，他触及了本质。这就是马云，总是能够一针见血，语惊四座。

要讲话，就要学习马云这样，讲犀利的话，讲触及本质的话。而不是讲一些废话。真话可能会得罪人，但那都是暂时的，总有一天对方会明白我们的用心。更何况，这世界上的人并不是每个都是糊涂蛋，很多人还是能够听得进真话的。因此，在必要的时候，不妨让自己犀利一些，就像马云一样，做一个清醒、不随波逐流的人。

犀利的话有时候会让人不舒服，那不舒服不是我们讲错了，而是触动了别人的情绪。这些都是暂时的，因为深刻本身就是一种残酷。等那残酷过后，我们看到的就是事物的本来面目了。

马云的成功，靠的就是这种能够揭开事物本来面目的能力。

用谎言吹嘘自己，不如用实话仗借他人

有些人很奇怪，总是喜欢看人下菜碟，同样的一句话，如果是一个普通人说的，他们就觉得这句话很一般，没有什么特别之处，如果是一个比较有名的人说的，他们便觉得很有道理。这种心理是不好的，不过我们却无法让他们改变。因此，当有很重要的也是对对方和自己都有益的话或道理需要让对方相信的时候，我们不妨说一个善意的谎言，用名人来包装自己。

马云在一次对阿里巴巴员工的讲话中，便曾承认过，自己也做过类似的事情。

“我觉得有一句话，在讲之前，我想把公司最精髓的东西跟大家讲一下，阿里巴巴最精髓的一样东西是‘拥抱变化’，拥抱变化和永不放弃，执着和变化是我们最伟大的一个精髓。

“很多人创业想发财、想赚钱，为了生存创业。也许大部分人是这样，我觉得我们去创业的时候，是要证明自己是对的，证明自己对的是什么。我们要证明我们可以通过互联网帮助很多人获得财富，互联网会改变人类生活的方方面面，这句话是我说的。

“当时我说互联网将改变人类生活的方方面面，没有人理我，我就改成比尔·盖茨是这样说的。我们1994、1995年开始执着地走这条路，确定互联网要改变生活，我们要帮助中小企业、帮助创业者，帮助弱势群体。”

在创业最初的时候，马云是不得人心的，他四处演讲，可人们并不看好他。甚至马云曾自嘲当时很多人都把他当成是骗子。不过马云自己的内心清楚，他走的一定是一条正确的路。这时候，他采用了上面他说的做法，借比尔·盖茨的名声来达到自己的目的。本来一句并不怎么引起别人重视

的一句话，当他说是比尔·盖茨说的之后，便立即有很多人同意了。人们也就开始重视互联网，重视马云了。

这就是说话的技巧了。诚实是一种美德，我们每个人都要说实话，但是有时候偶尔说一句谎也是没有太大问题的。关键在于说谎的动机如何，如果是为了更好地跟别人接近，而且那谎言没有吹嘘自己，没有对任何人造成伤害，那就不妨一试。

我们一定要记住一个原则，不管说什么，怎么说，目的都是为了更好地跟别人沟通，为的是拉近彼此的距离，如果出于这个目的，而说一个无关大雅的小谎言是没有问题的。借助名人的影响力来达成我们的目的，就更没有问题了。

当然，更没有问题的是直接引用名人们说过的话。尤其是大家所熟知的，那样说服力会更强。而且在跟人对话的时候，嘴里经常冒出一个名人名言来，不仅可以让自己的话更有说服力，也会给对方一个更好的印象，让人觉得我们是一个博学多才、见识广博的人。只要给对方的印象好了，那么沟通起来也就更容易了。

如果研究马云的讲话，就会发现，他是此中高手。马云不仅经常引用名人名言，而且特别愿意讲一些名人们经历过的小故事，用来辅助论证自己的观点。这样做既形象又有说服力，是很好的谈话方式。

在我们的自身不能够引起别人足够重视的时候，便需要考虑借助外界的力量了。这种借助不一定是要找人来帮忙，引用那些名人名言一样可以让我们达到这个目的。当别人看到我们现在所做的，有很多名人也在做或者曾经做过，那么他们对我们的信心便会增加，信心增加了，自然也就更信任我们了。这时候，不管是想跟对方交朋友还是想跟对方做生意，都会变得更加容易。

除非自己是一个名人，否则不要总是以我开头，要知道，我们自己的事例和话语在别人那里是没有足够的力量的。

另辟蹊径，说话不纠结

很多看似极其复杂的问题，在有些人那里却极其简单。所以，原因不在问题本身，而在于看待问题的个人。前者思维深度广度都不够，因此看不到问题的本质，只能在表面上纠缠。这样，永远都无法真正解决问题，只能是解决了这一方面，才发现另一方面又出现矛盾了，然后再急急忙忙地去补救。力气花了不少，但效果甚微。后者则是冷静的，能够透过表象直达本质。在他们眼里，表面的矛盾是不重要的，他们看的是矛盾背后的统一原因，找到了这个原因之后，将之解决掉，那么那些所谓的麻烦也就迎刃而解了。所以后者虽然只做了一件事，但却解决了所有问题，前者虽然在不停地做事，但麻烦却不断。关键就在于着眼点，在于我们能否看到问题的本质。

办事如此，说话也一样。而且，很多时候，解决矛盾靠的就是语言。

在这点上，马云是个高手，他总是能够通过三言两语让本来看起来矛盾或者极其麻烦的事情变得清晰明了，从而一举将之解决。

在《对话》栏目中，马云就是这样应对别人的提问的。

田宁：这几年下来，阿里巴巴的广告直通车展位，阿里巴巴的钻石展位价格连年攀升，所以很多小的企业不能小而美了，开始承受不了，这个做法是不是意味着阿里巴巴开始疏远小企业，转向大公司了。

马云：因为每个人角度看法不一样，在座所有的小卖家觉得我们没有给他们足够的资源，大卖家到我们办公室来骂人的也特别多，你们到底是靠我们养还是靠他们养。每个人的角度是心里面的看法，对阿里来讲，在我们眼里面，三年前阿里巴巴的年会上，我跟所有的客户同同事讲，阿里眼里没有大企业和小企业之分，只有诚信和不诚信之分，是不是努力，是不是创新的企业之分。今天淘宝人说越来越难活了，当年，你为什么不来，当年我是跑了很多人家来介绍淘宝。第一天，第二个月成立的时候，我跟朋友说来淘宝，你这个破生意赶紧移到淘宝上来，费劲口舌都不行，一年以后我再跟他讲，去年他来找我，我说你把自己这摊生意干好，别来了，更何况现在在淘宝上生意越来越难做，我告诉你从来没容易做过。说中国做生意越来越难做，中国什么时候做生意好做过，没有好做过。

这是全世界没有地方好做生意，全世界没有什么时候好做生意，不同的时代，不同的努力你永远跟同代的人竞争。所以我觉得，你要问我，我不讲谎话，我最喜欢小卖家，但是我不排斥大卖家，大企业搞不过小企业的比比皆是，今天在淘宝上淘品牌成功的，绝大部分算，年销售额过亿的都是彻底在淘宝上成立起来，他们为什么能成功，所以我觉得这个只要你想干，你想办法你都有机会。

很多人纠结于阿里巴巴对待客户的态度，是对大客户好些，还是对小客户好些，然后都认为自己没有得到重视，从而心生芥蒂。这种纠结，对阿里巴巴是不利的。对马云来说，最好的方式就是解决人们的这种纠结。这时候就显现出马云的智慧了。他直接将大小的分类忽视了，而是提出了阿里巴巴是用信用分类的。这样，问题就解决了。

很多时候，看起来不可调和的事情，其实并不是很复杂，我们觉得复杂不过是因为没有看到其本质罢了。于是将表象当成了事情的全部。这时候，就需要另辟蹊径，找到问题的关键，然后将之解决。

在回答别人问题的时候，不要跟着对方的思路走，对方问什么就回答什么，而是要思考问题背后的事情。找到本质你就会发现，很多问题其实根本不是问题，只是一种矛盾的表象罢了。

先针锋相对，再和气以对

中国人一直是比较内敛的，讲究与人为善，讲究一团和气，尤其是在商业领域，自古就有和气生财的说法。

确实，现代社会是一种服务型社会，人们奉行的是顾客至上、顾客就是上帝的理念。不过很多时候上帝也是会犯错的。尤其当外部环境发生变化的时候，更是会产生很多客户跟公司之间的矛盾。这时候如何应对就要看一个人的智慧了。

有的人选择的便是和气生财的方式，对客户的要求一一满足，这不是不可以，但如果那要求是我们所不愿意的或者没有道理的，也不妨直接反驳回去。

只有坚持原则，才能将自己的事业做得更好。

在这一点上，马云就做得很好。对于马云来说，2011 年可谓是多事的一年，这一年马云领导的阿里巴巴旗下的淘宝状况不断。尤其是淘宝商城提高门槛事件，反响尤其大，很多人都对马云这一做法提出了疑问，有的甚至干脆抗议起来。面对此种情况，2011 年的 7 月初，马云从美国飞回杭州，约见媒体进行了澄清和说明。

在专访现场，马云反驳所谓淘宝商城提高门槛服务费是“过河拆桥”甚至为传闻中的收购雅虎做现金准备这一说法：“有人说阿里巴巴不了解小企业，不关注小企业的生死。我想问，国内有哪个公司或者哪个机构，能够站出来说比我们更了解小企业，比我们更能够直接地了解小企业发展的现状和问题。这12年来，阿里巴巴的发展与中国小企业的发展荣辱与共，我深以为傲！

“淘宝运营九年来，淘宝至今仍然坚持免费开店策略，我们从不指望靠淘宝商城挣钱，但我们要求所有的商家必须要确保这个平台的整体品质，赚到钱的重要基础就是所有的商家必须能给消费者提供有品质的商品和服务。”

马云说，淘宝网发展壮大至今，对阿里人来说，更是个责任。“淘宝网每年仅运营成本就超过70亿。淘宝平台今年交易规模将达到6000亿元，培育了逾800万的商家，每年直接间接提供200万个就业机会。如果有一天淘宝网关门了，哪怕是关停一天，其影响将不堪设想。所以我们必须要采取一切确保品质的措施，这也是淘宝商城提高品质门槛的初衷。”

面对一种声音，我们如何回复，并不是看对方是什么身份，而是要看对方的要求是否有道理。如果对方的要求有道理，那么就要听从，至少不能反驳，哪怕我们不高兴也不可以去反驳，这是最起码的道理。可是如果对方的要求没有道理，也不要为了息事宁人而做出让步，那样对自己也是不负责任的。面对无理的要求，直接反驳回去就好了，哪怕那人是我们的客户。

淘宝是马云公司的产品，他们做什么、怎么做，自然是马云说了算，只要他没有违背跟客户签订的合同就是合理的。如果因为自己的利润空间被压缩了，就要求马云做无条件让步，自然是不对的，没有道理的，这时候就应该被直接反驳回去。虽然说顾客是上帝，可是上帝错了的时候，我们也要给与回应。

生活中我们也常能遇到类似的情况，有些人语带讥讽或者本身就是冲着我们来的，一副不友好的态度。这时候我们就要反驳回去，用自己的犀利和尖刻让他们知道我们追求和气是因为和气对大家都有利，但如果越过了我们的底线，我们也是不会继续忍下去的。

凡事都要讲一个道理。在有理的时候让步，说明我们涵养好，这时候不让步，也没有问题。因此，如果对方真的是恶意的，或者对我们造成了伤害，那么，所谓的和气不妨先放在一边，针锋相对地反击回去就好。之后我们可以拿出自己的和气来，给那些值得我们去和气面对的人。

被拒绝时，不要选择缄口不言

人想要成功，就要有些坚持精神。只有通过持续不懈的努力，才能达成最终的目标。如果遭遇一点点的困难就想要放弃，那么是无论如何都是无法成功的。

其实，不仅事业上如此，讲话也一样，都需要些坚持的精神。当我们给别人讲述一个我们以为很正确的道理的时候，常会遭到别人的抵触。他们内心中对我们所言说的领域也早已有了固定的观点，且认为那是对的；因此，当我们想要改变他们的看法，让他们跟我们保持一致的时候，对方难免有抵触情绪，这也很正常。

这时候，就需要一些坚持的精神了。不要觉得对方有抵触情绪就放弃。不时地提起，要给他们耐心讲解，总有一天，会改变对方。这就是坚持的作用，不仅在跟人说理的时候要如此，被客户拒绝的时候更是要如此。不管被人拒绝了多少次，都不能选择主动闭嘴，这样成功率才会高。

2003 年 2 月，当马云和孙正义就进军 C2C 市场一事达成高度共识时，阿里巴巴知道，第四次融资的事已是板上钉钉了，因为孙正义是非投不可的，关键是投多少和占多少股份的事，这才是谈判的主要内容。

不出所料，2003 年 7 月，孙正义的越洋电话打过来了。在电话里，孙正义正式提出了二度注资的想法，双方约定几天后在日本东京会面。于是这才有了马云和蔡崇庆会后上东京的事。到了东京，在马云和孙正义初步定下调子后，蔡崇庆与孙正义及其手下开始了正式谈判。谈判进行得很激烈也很艰苦，焦点集中在两个问题上：一是孙正义二次投资后是否控股，二是阿里巴巴员工能否持股。蔡崇庆可谓谈判老手，况且他已和孙正义交过一次手，但这次谈了很久，双方还是僵持不下。“当时讨价还价的程度不亚于第一次。”蔡崇庆如此描述。

会场休息期间，马云去了趟洗手间，孙正义也跟了进来，双方对视了一会儿，马云突然提出了一个折中的方案：“我觉得8200万美元是个合适的数字，你觉得怎么样？”孙正义想了一下，很痛快地同意了：“好，那就这么定下来。”

回到谈判桌前，他们告诉在场的人问题解决了。蔡崇庆说：“他们两人去洗手间时，还显得有点紧张，再回到谈判桌上时已经笑容满面了。”为什么马云要提8200万美元，不多不少？“这是平衡的结果，投资者和我们都做了妥协。”马云这样解释。在软银二度注资之后，其股份已经增至接近30%，但尚未达到相对控股，相对控股的是包括管理层在内的阿里巴巴员工股。

这就是阿里巴巴的第四次融资，实际上是阿里巴巴为淘宝融资，也可看作是孙正义主动投资让阿里巴巴做淘宝。

马云的这种不放弃、不停试探的精神，对他的成功是有极大的帮助的。没有谁可以轻松地说服另一个人，不管干什么，都要有一个过程，而且这个过程往往并不是很愉悦。这时候，只有坚持，才能达成目标。

当然，想要做到坚持，首先要解决一个问题。很多人被人拒绝之后就不再开口了，他们觉得接着说显得很没面子，甚至有的人被拒绝之后便觉得对方没有善意，从而怀恨在心。其实大可不必。

想想看，我们不是也经常拒绝别人吗？总结一下我们拒绝别人的理由，就会发现，我们其实并没有恶意，不过是有诸多不方便的理由，所以不想在某个时刻跟某个人交谈而已。如果被我们拒绝的人，换个时间再来，我们很可能愿意跟他们聊。而拒绝我们的人，也是这么想的。所以不要觉得被拒绝之后便是没了面子，从此不再上那人的门。

多一些坚持精神，被人拒绝之后不闭嘴，才能说服他人，达到目的。

把你的“后援团”表露给大家听

有一种比较流行的说法是，一个人如果整天跟一群穷朋友在一起，那么他多半也富裕不起来，如果他整天跟一些百万富翁一起玩，则很可能很快就能开展自己的事业。原因就在于身处的环境不同，穷人在一起的时候总是喜欢抱怨，而不愿意去赚钱，因此他们才会没有钱；而富人在一起的时候更愿意谈生意，分享彼此的商业信息，寻求合作。因此跟富人在一起能够获得更多的信息和机会。还有一个因素就是，跟百万富翁在一起久了，一个人的气质也会有所改变。当你跟他们一起出现的时候，在不知情者的眼里，你一定也是一个百万富翁，从而更愿意相信你。

这个道理可能会让某些人不舒服，但确实有一定的合理性。

有的人是有实力的，但在陌生人面前却不知道怎么介绍自己，不知该如何取得别人的信任。而一个聪明的人，则会讲一些他和那些大家熟知的比较有名、比较受人尊重的人在一起发生的事情。这样人们便会在潜意识中觉得这个人也一定是一个厉害角色。

在一次客户见面会中，马云说过这样一段话：

上个星期六，星巴克的CEO来我们的公司参观，这家企业非常值得我们敬重。大家知道咖啡能够卖到像它这样，卖出三百五十亿美金市值，那任何一件事情都有可能做成。他卖咖啡卖的是很强的价值观和使命感。

我跟新天地的老板聊天，马路对面的咖啡一杯卖三块钱人民币，到了星巴克，一杯咖啡三美金，里面坐的人更多。卖的是什么？我想跟大家分享一下这个老板讲的故事。

他到伦敦去，伦敦最热闹的街是牛津大街，寸土寸金之地。他进去以后在最热闹的地方发现有一个小店，门面还不小，上面写着卖cheese（奶酪）。奶酪是很便宜的东西，相当于我们这里卖猪油的。这种地方的店一定要卖昂贵的东西才能维持。他进去了，里面有一个老头，胡子拉碴的，很认真地很起劲地在干活。他问那个老头这个店的租金是多少，他是如何在地价这么高的地方维持生意的。那个老头回答说："年轻人，这些店和楼都是我的。我们家都是卖cheese的，从我的爷爷的爷爷到我这都是卖cheese的，我的儿子现在就在伦敦街边上做cheese，他做我来卖。我们的兴趣和爱好就是做英国乃至欧洲最好的cheese。现在家里面有这么大产业，出租房子没有问题，但是我们还是要做cheese。"那个新天地的老板说，他从来不买cheese的，结果那天买了五十多美元cheese，一大包拎回去。做生意，做任何产品，只要你有兴趣，投入爱，肯定可以持续。

我们现在每个人都想做大项目、大事情、大产品，但是这个老头做的是个小事情。我上次也讲过，几年前我们到日本去，一个很小的店，写着"本店开业一百四十八周年"，我进去一看，大概只有十五平方米，一代代经营下来。它是做点心的，卖到皇宫里面去。所以说这是我们学到的另外一个东西——激情。

什么叫激情？激情就是三十年做下来，还是在做，还是热情澎湃，这就叫激情。我们很多人激情都只有三天、三个小时，过会就没有了。

我们准备和星巴克做一个战略合作，这个战略合作不是做生意，是做社会责任感。我们想建立一个平台，在社会公平和社会责任感上面做一个联络。

也许有人不愿相信马云，也许有人觉得阿里巴巴的淘宝很普通。但是人们都知道星巴克是有一定规模也有一定地位的大企业。马云用星巴克老板对他们的态度，成功地表现出了自己公司的受重视程度。这便是高超的讲话技巧。

想要得到别人的认可，尤其是想要得到初次见面的陌生人的认可，是很难的。生人见面，虽然有想要结识对方的意愿，但一般人都会在内心设一道防线。而打破这道防线的最好方式不是告诉对方我们有多优秀，那样有直接说服的嫌疑，也会让人觉得我们是在吹嘘和夸耀自己。我们可以换个方式，让他们知道我们在跟多么优秀的人一起共事，那些优秀的人如何评价我们就可以了。

说出真情感，成就大事情

每个人都喜欢在别人面前展示自己，希望自己成为众人中的焦点，希望自己是最受瞩目的那一个。而这些人中，有的人由于这种想法太过强烈，便会去刻意突出自己，讲话的时候喜欢夸大，尤其是讲到自己曾经做过的比较得意的事情，更是会隐去一些信息，从而突出自己好的一面。

其实这种心理也是没问题的，谁不想让更多的人关注自己呢。可是这种做法确实不可取，因为他让我们变得虚假。很多时候，面对自己不知道的事情，坦然说出不知道就好。面对自己曾经做过的事情，尤其是引以为傲的事情，不要掩盖瑕疵。因为只有有瑕疵的人才真实、可信，才能引起别人的共鸣。

马云就是一个很真实的人。他有让人羡慕的成就，也有强大的人格魅力，因此很多人都喜欢他甚至是崇拜他。而那些马云的崇拜者就会在不知不觉间神化马云，至少是将他说得特别厉害。一般人面对这种情况的时候，都会因为虚荣心在作怪，因此默认，但马云却很少这样，他都会实话实说。

关于马云最传奇的传说，便是当时他靠六分钟的讲话征服投资人的故事了。那个故事有很多种版本，基本都是在突出马云的。下面我们看看他自己怎么说。

马云："我的合作者还挺不错的，像那个孙正义，软银的孙正义，我觉得他是一个我非常敬佩的人，我跟他谈判六分钟就可以解决所有的问题，我们第一次谈判六分钟就解决两千万美金的投资。"

主持人："六分钟两千万。"

马云："前几天我们更神奇了，因为有时候人与人之间这种化学反应，很多人认为我们两个是疯子。"

主持人："你有没有问过他为什么跟你接触六分钟就敢投两千万

美金？”

马云：“远远不止的，后来我说不要那么多。”

主持人：“这是为什么？”

马云：“我也不知道，以后要问问他了，反正我们两个人挺逗的。上个月我在东京也是跟他一起，他说我相信你，我说我也相信你，所以在最倒霉的时候你没来责怪我，我说因为你有太多事情要责怪，所以来不及责怪我。”

主持人：“换而言之你身上哪一点被他看中？”

马云：“有一点，我们两个都想做真正的有意义的大事情，就是说很多人可能讲我想赚钱，而我觉得我想做的是一个庞大的计划，要80年的企业，做世界十大网站，而且我记录这几年所做的事情，他觉得这个人的心特大，而且这些股东全是世界一流的，我在全世界选择，日本选的孙正义，美国的选择高盛，欧洲我选择investorab，像abb、爱立信都是他们控股的，他们家族的企业。然后在亚洲选的你不仅要人家的钱还要人家的人，这个我也知道，因为我觉得孙正义的钱跟那些钱不一样，大家一块美金也是一块美金，但要的是背后他能够给你带来什么，给你的支持。”

马云没有神化自己，而是用了不知道。坦承只是一种奇怪的情感在起作用，而不是自己有什么魔力。他把外界传言中的马云有很强的忽悠能力，能够让投资人顺利掏钱，还原成了一种缘分式的，两个陌生人之间的相互吸引。这种强调偶然性的做法，就是坦然，而这份坦然，便是我们应该学的。

很多事情，还原它的本来面貌就好了，没必要做过多的解读，尤其是发生在自己身上的事，如果过度解读就会给人一种吹嘘自己的感觉。

有什么就说什么，不知道就说不知道，才是最好的。因为这样最真实，讲话就是在表达情感，而情感只有真实才能够打动别人、说服别人。

不要太过虚荣，从而说些夸张的话，这个世界上没有人能够永远靠夸大自己而活着。那些真正取得成就的人，都是真实的人，他们讲实话，说真情感。也只有这样，才能够得到别人持久的认可。如果觉得别人都是愚笨的，自己说些谎他们也听不出来，那么迟早会尝到虚荣造成的苦果。

PSYCHOLOGY OF

SPEECH

第七章

销售多是说出来的买卖

成功销售的关键在于我们怎样说

如何才能成为一名优秀的销售员？怎样才能拥有骄人的业绩？这是每一位销售工作者都想知道答案的问题。也许你拥有超强的技术、无人能及的专业知识，对产品你了如指掌、无所不知，但如果你说不清道不明，那么是说服不了顾客的。对于销售员来说，会说比会做更加重要。很多订单是说出来的。

的确，我们要想拿到订单离不开嘴上功夫。成功的销售，关键在于我们怎样说，而不是说什么。

当我们向客户销售产品时，除了让客户在视觉上接受产品，更重要的还要向客户进行专业知识的说明，这样客户才能信服我们的产品。

小张："你好，我们公司有很多款电磁炉，保证能符合您的要求。"

顾客："你们都有哪些品牌？"

小张："品牌有很多，也有我们自己的品牌产品。"

顾客："那你们本厂电磁炉的档次和价格怎么样？"

小张："有不同的档次和不同的价位。"

顾客："你能具体介绍一下这些产品之间的差别吗？"

小张："……"

顾客："那我还是先考虑考虑吧！"

案例中，顾客多提了几个问题，就把小张问住了，最终因得不到对产品的满意回答，打消了购买的念头。

我们只有充分了解自己的产品，才能解决顾客的各种疑惑。如果我们连顾客的疑问都无法解决，又怎么能留得住客户呢？所以，对于销售人员来说，在与顾客沟通的过程中，必须要把自己所销售产品的特色介绍清楚。

这些特色可以表现在产品名称、材料、质地、规格、美感、颜色和包装、功能、科技含量、价格、结算方式、运输方式、服务、市场占有率、顾客满意度等方面。

另外，还要注意的是，在介绍产品信息时，我们要用客户听得懂的语言，也就是让客户明白我们在说什么。对产品和交易条件，我们尤其要进行直截了当地说明，这对客户来说是很重要的信息。

顾客："你们这款产品的新技术是怎么回事？"

赵磊："就是我们的CST！如果想试试别的材质的，那就需要我们的FDX了，也可以为每一个FDX配上两上NCO。"

顾客有些不高兴："小伙子，我要买的是电器，不是字母！"

赵磊："噢，我说的是我们产品的序号。"

顾客："我想我还是再找别家问问吧。"

销售人员一定不要使用过多的专业术语，因为大多数客户并非专业人士，他们更需要听到对产品简单明了的介绍。赵磊之所以没能留住顾客，主要是因为他对新技术的描述过于专业，使用了令顾客难懂的名词术语，让客户听得一头雾水，不知所云，客户自然不想再交谈下去。

因此，销售人员在介绍产品时，一定要先考虑顾客需要了解什么，想听什么，然后再用通俗易懂的语言，简洁、准确、流畅、生动地让顾客明白产品到底有什么用途，能给自己带来哪些好处，这样才能让客户明白，促进成交。

不卑不亢，大大方方地推销你的产品

在向“大人物”推销产品时，有些销售员总会不由自主地紧张起来，说话与神情都变得极不自然，甚至给客户一种很怂的感觉，以至最后丢掉了成交的机会。

俞恒是进入销售行业不久的新人，有一次，俞恒去和一位老板面谈。一走进办公室，他立刻紧张起来，不仅浑身打颤，连说话的声音也开始发抖。他佝偻着背，结结巴巴地说道：“王总……啊……我早想来见您了……啊……我来介绍一下……啊……产品”。

俞恒点头哈腰的样子，顿时让王总对产品失去了兴趣。

俞恒与王总并无人格上的高低之分，他之所以表现得畏畏缩缩，是在心态上出了问题：丧失了与客户平等交流的自信。

“平等心”是销售者与客户间和谐沟通的桥梁。经常有人这样评价销售员：学历低，素质低，收入低。这就使得一些人在与客户沟通时，往往会因为双方身份、地位的差异产生自卑心理，在交谈过程中显得低人一等。但这种过分的谦卑并不会给客户舒服的感觉，反而会让客户丧失对我们产品的信赖。日本“推销之神”原一平的“平等心”很值得我们学习。

一次，原一平找保险公司的董事长串田万藏要一份介绍日本大企业高层次人员的“推荐函”。串田见到原一平后大喝一声：“找我什么事？”

原一平答道：“我想请您介绍……”没想到，串田打断说：“什么？你以为我会介绍保险这玩意？”。

原一平没料到串田竟会轻蔑地把保险业务说成“这玩意”。他被激怒了，大声吼道：“你这混账的家伙！刚才说保险这玩意，对不对？公司不是一向教育我们说‘保险是正当事’吗？你还是公司的董事长吗？我这就回公司去，向全体同事传播你说的话。”

串田在原一平的痛骂中醒悟了。最后，原一平不仅赢得了董事长的敬服，还获得了董事长日后全面的支援。

虽然董事长的社会地位要高一些，但原一平保持了一颗“平等心”，他既没有刻意地恭维身份显赫的董事长，也没有畏缩不前，而是本着平等的心态向董事长阐明了道理，赢得了尊重和支持。

我们与客户是平等的。在向客户介绍产品的过程中，如果我们因为客户的身份显赫就奴颜婢膝地去讨好对方，往往会取得相反的效果。相反，如果我们与客户平等交流，让客户对我们的人产生认同感，从而耐心地听我们介绍产品的性能，那么客户购买产品的几率就会大一些。

销售是一门心理学。所有的销售活动都是以销售员和顾客的交流沟通为前提的。在沟通中，我们要放平心态，无论面对社会地位如何高的客户，都要大大方方地说话，用得体的服务换来客户的认同。

用“我们”造就大家“同舟共济”

向客户推销产品时，倘若总是说“我”，就拉远了我们与客户的心理距离，冲淡了我们与客户间的感情，这样客户就失去了继续听下去的欲望，很难再与我们进行实质性的沟通；而如果在推销语言中多用“我们”一词，虽然只有一字之差，但效果就大不一样。

张晋是一个保险项目的负责人，他经常要与客户高层的领导就项目问题进行交流。而这些领导中，大部分都是张晋从未谋面的。

张晋想如果采用“尊敬的××，下午好，很高兴有机会……”作为开场白，虽然这样的说辞也很有礼貌，但是会使双方感觉很生分。

斟酌了许久，张晋决定这样开场：“虽然我们没有见过面，我也是第一次来我们公司，但是我们两家公司已经是老朋友了，我们的××项目组给我讲了很多这边的情况，今天我想基于这些情况，就××方面的内容和各位领导交流探讨一下。”

张晋这样开场，让大家感觉双方坐到了一条板凳上，而不是很正式的供应商和客户的关系，这就为双方后面的交流定下了很好的基调。

作为销售人员，我们不是要打动客户的脑袋，而是要打动客户的心，因为心是离客户钱包最近的地方。所以，一个好的销售员要懂得如何拉近双“心”的距离。

从心理学角度来讲，一个人对自己的关心要远远大于对他人的关心，关注自己是人的天性。很多情况下，人会不自觉地替自己说话。所以，销售员在工作中要学会“忍”，不能时常把自己挂在嘴边，而是要时刻顾及客户的感受。我们推销产品，不是在做自我讲演，而是在给客户提供产品信息。

面对形形色色的客户，虽然我们不可能准确地把握每个人的心理，但是有一条准则却是相同的：我们要为客户着想，即使不能让客户绝对地信任我们，也要做到至少不会让客户反感我们。

《红楼梦》里有这样一段描写王熙凤为人之道的话：

这熙凤携着黛玉的手，上下细细打量了一回，仍送至贾母身边坐下，因笑道："天下真有这样标致的人物，我今儿才算见了！况且这通身的气派，竟不像老祖宗的外孙女儿，竟然是个嫡亲的孙女，怨不得老祖宗天天口头心头一时不忘。只可怜我这妹妹命苦，怎么姑妈偏就去世了！"说罢便用帕拭泪。

贾母笑着不让她再提伤心事的时候，她马上换了表情，转悲为喜，这熙凤听了，忙转悲为喜道："正是呢！我一见了妹妹，一心都在她身上了，又是喜欢，又是伤心，竟忘了老祖宗。该打，该打！"

案例中，王熙凤这番说辞的精彩之处就在于，一句没提自己，却赢得了别人对自己的关注。作为销售人员也是如此，我们若想得到客户的关注，不一定要句句提及自己，只有时刻关注谈话者的感受，才会更容易走进对方的心里。

当我们在客户面前频繁地说"我"时，就失去了客户对我们的信任。人人都喜欢被别人重视。所以我们要把握客户的这种微妙心理，在和客户谈话的时候多说"我们"，少说"我"。当然也要注意，对于那些我们不能掌握的情况，不能事事说"我们"，过犹不及就不好了。

我们向客户推销的不仅仅是产品，更是一种服务。如果只一味地说"我"如何如何，必然会引起对方的反感，从而令其对我们的服务产生不满。其实，只要改变一下，把"我"变为"我们"，不仅不会让我们有任何损失，还会获得客户的好感，也能使我们同客户之间的关系进一步地加深，为双方后续的沟通做好铺垫。

把说话的重心放在有决定权的人身上

很多时候，客户本已有心选购，却在他人意见的影响下，放弃了选购。这就是“选择性干扰”。大多数客户都会受到选择性干扰。家人、朋友、其他客户等对产品的个人看法，都可能成为干扰客户购买的因素。如何排除这种干扰，让客户最终选择产品呢？

在电脑卖场，导购员小张遇到了一家三口来买电脑，他们每个人都七嘴八舌地说着自己不同的要求。

小孩：“我要一个最漂亮的电脑！一定要白色的！”

妈妈：“我们给家里小孩买一个新的笔记本，原来的那个太老了不太好用，不想买太贵的，最好在 5000 左右吧！因为现在电脑都便宜了，没必要花那么多钱。”

爸爸：“家里面的那个电脑吧，慢死了，连杀毒软件都不敢装，所以这次打算买个配置高，性能好，很流畅，看电影不卡的。总之配置能有多高就多高。”

小张：“……”

在日常的生活中，销售人员经常会遇到客户带家人一同来购物的情况，而且各个成员都有自己的兴趣和爱好，意见往往不一致。这个时候，销售人员必须“擒贼先擒王”，辨别各个成员的角色，理清楚哪个客户是最有决定权的人，哪个是使用者，然后再重点出击各个击破。

另外，有些顾客在商场中挑选产品时，经常会与不相识的顾客交流关于产品的看法，这时顾客很容易相信其他顾客的话。因为顾客的立场是一致的，他们之间更容易沟通和产生共鸣。

遇到顾客选中的商品被闲逛顾客随口否决的情况时，如何处理确实非常考验销售人员的智慧与应变能力。

客户："我觉得这双鞋子还可以，就是不知道适不适合我的风格。这位大姐，你觉得我穿这种款式的鞋子怎么样？"

闲逛顾客："鞋子是不是大了点儿？而且好像和你的衣服不太搭。"

销售人员连忙说："您好，美女，请问您有没有中意的款式？旁边这位导购员可以给您介绍。"

与此同时，销售员示意旁边的导购帮忙支走这位闲逛的顾客，继续对客户说："鞋子穿在脚上合不合适只有自己最清楚，您说是吗？我在这个行业做五年了，对于服装与鞋子的搭配也是有一定了解的。我认为这款商品真的非常符合您的气质，特能显出您的身材，难道您觉得不是吗？"

这名销售员预见到客户可能会受到闲逛顾客话语的影响，非常机智地弱化了闲逛顾客对于产品评价的消极影响，重新挽回了客户对产品的认可。如果销售员听任其他客户对产品进行随意评价，那么客户很容易受这些评价的影响，放弃购买产品的想法，这将是非常可惜的。

当我们向客户介绍产品时，出现干扰顾客选择的因素，该如何面对呢？

首先，要做到镇定自如不失态。任何失态的语言与行为会让顾客认为商品真的有问题；其次，应立即通过提问来转移问题焦点；最后，顾客的利益与感受永远都是我们关心的重点，我们可以通过反问来引导顾客思维，为自己树立专业形象，让顾客感觉到其他人的观点并不重要，自己的实际感受才最重要。做到了这些，让客户购买产品就不难了。

被拒绝时，以幽默的说辞换取继续交谈的机会

我们常遇到这种情况：当自己滔滔不绝向客户介绍产品时，对方却决绝地说："你不用再说了，我不需要，也不感兴趣。"

其实，客户不是对产品不感兴趣，而是对我们不感兴趣。要想让客户对我们产生兴趣，幽默是一种很好的方式。

汪刚从事保险业十几年，并且在行业中如鱼得水。他有一个习惯，每次向客户推销保险时，都会大声地说："我是卖人民币的！"

客户则会调侃道："你是卖假钞还是冥币？"

汪刚则笑着说："我既不卖假钞也不卖冥币，但你能用你的200元买走我的10万元！"

就在客户好奇时，汪刚才开始娓娓道来保险产品的详细内容。

从以上故事中我们可以看到，汪刚通过幽默营销的手段先是让客户对产品感兴趣，进而让客户了解产品，认同产品，最后客户开心地购买了产品。

幽默营销是"拉式营销"的一种，我们通过施展自己的人格魅力让客户关注我们，从而达到让客户关注产品的目的。让客户接近我们，而不是我们去接近客户，这是一种事半功倍的销售方式。

王力帆是太平洋保险公司的一名保险销售员。一次，他遇到一个态度决绝的客户。

王力帆："您好！我是太平洋保险公司的保险代理人王力帆。"

客户慢条斯理地说："哦，两三天前曾来过一个人寿保险公司的代理人，我没等他把话讲完，便把他赶走了。我是坚决不会投保的，所以无论你对我说什么都是没有用的，我看你还是去寻找别的客户吧，免得你在一

个不可能投保的人身上浪费太多的时间。”

王力帆说：“真是太感谢您的关心了。不过，假如您在听完我的介绍之后，如果还是不甚满意，我就当场跳楼自尽。无论如何，我都请您为我抽出点时间！”

客户：“哈哈，你真的要跳楼自尽吗？”

王力帆：“不错，就像电影镜头中常见的那样毫不犹豫地跳下去。”

客户：“那好！我非要让你跳楼不可。”

王力帆：“啊哈！恐怕我要让你失望了，我非要用心介绍，直到你满意不可。”

随后，客户和王力帆都不由自主地一起大笑起来，两人随之交谈起来。

向客户推销保险遭到拒绝是常有的事，但王力帆通过幽默的说辞，换来了与客户继续交谈的机会。可见，幽默感是应对客户拒绝的一剂良药。另外，当客户对我们介绍的产品毫无兴趣时，也可以随机应变地利用幽默感来打动客户。

幽默感利人利己。多一些幽默感不仅可以让客户在愉快的氛围中了解产品，还可以让自己在工作中变得有趣起来。如果我们天生具有幽默感，就可以将其注入到自己的销售工作中；如果我们不善于幽默，就要去培养自己的幽默感。因为客户一般不愿和无趣的销售员交谈。这是一项拿到订单的好策略，也是让自己快乐工作的源泉。

让客户把怨气都吐完后你再开始讲话

倾听客户的心声，是销售人员成功拜访客户的秘诀；倾听客户的需求，更是销售人员寻觅商机的窍门。真诚的倾听不仅是对客户应有的尊重，也是一种成交的策略。

王鹏是一名重型汽车销售员，一天，他去拜访一位曾经的客户。

“您好，我是重型汽车公司的销售员，我叫……”王鹏的话还没有说完就被客户打断了，对方开始抱怨起当初买车时的种种不快，譬如，服务态度不好、报价不实、内装及配备不实、交接车的时间等待得过久等问题。

面对客户喋喋不休的抱怨，王鹏选择静静地站在一旁，认真地倾听，并且始终面带微笑。

终于，等到客户把所有的怨气都吐完后，才发现眼前的这个销售员很陌生。

于是，他有点不好意思地对王鹏说：“现在有没有好一点的车型，拿一份目录给我看看吧。”

王鹏落落大方地递给客户一份商品目录，静静地等待客户的翻阅，随后，客户爽快地购买了选中的汽车。

客户笑着问道：“小伙子，知道为什么看中了你的车吗？”王鹏不解地摇摇头。

“我是看到你一直静静地倾听我的抱怨，对我很尊重，所以才向你买车的！”

王鹏在为客户服务的过程中，虽然话很少，但是却深受客户的喜爱。在面对客户的抱怨和不满时，王鹏没有急于辩解，而是选择认真聆听，这样即便是再盛气凌人的客户也会顿时平静下来。

当客户提出异议时，销售员的争辩只会让客户更生气，适当地倾听客户的心声，才是解决问题的上策。销售员如果只顾在客户面前滔滔不绝地介绍产品，完全不在意客户的反应，就很可能会忽略掉客户内心真正的需求。当客户提出问题或是产生异议时，正是我们发现客户需求的好时候。因此，要积极倾听客户，尽量让客户发表真实的想法，从其话语中发现的需求，寻找到商机。

王强："高主任，您对这次计划采购的服务器有什么要求呢？"

高主任："首先，我们要采用双机系统，所以服务器要支持双机系统。其次，服务器的电源、风扇要有冗余。另外，存储系统要采用磁盘阵列，支持 RAID5。"

王强："您对于服务器还有其他的要求吗？"

高主任："处理能力。我们要求服务器至少配备两个 CPU，PCI 总线的带宽为 133 兆以上，I / O 系统采用 80 兆以上的 SCSI 系统。"

王强："其他的要求呢？"

高行任："服务也非常重要，我们要求厂家能在 24 小时内及时处理出现的问题。"

王强："是的，服务非常重要，我们一直将客户服务作为最重要的指标。其他方面呢？"

高主任："没有了。"

王强："让我总结一下。首先您希望服务器具备可靠性，支持双机系统，冗余的电源和风扇，支持 RAID5 的磁盘阵列。其次，您对服务器处理能力的要求是双 CPU，主频高于 800 兆，总线带宽大于 133 兆，I / O 速度大于 80 兆。另外，您还要求厂家能在 24 小时内及时处理故障，对吗？"

高主任："对。"

两周之后，王强即为客户提供了符合要求的服务器。

在与高主任交谈的过程中，王强只是提问，让高主任主动说出了自己的需求，这是对客户的一种尊重，也巧妙地在倾听中明确了客户的需求。

在了解了客户的需求后，我们自然就能够为客户提供符合其需求的产品，让客户满意。

只有我们善于倾听客户才能让沟通更有效。我们通过认真聆听，便可以分析对方的心理、顾虑，了解客户对产品和服务的需求，进而我们就可以有针对性地说服顾客，为客户提供合适的产品和周到的服务，最终让对方满意。

“专程拜访”的话不要直接表露出来

对待客户与对待恋人一样，我们越是主动地讨好对方，表现得太过殷勤，对方越是退却，即便他们对我们有好感，也不敢接受我们的主动。但如果我们与对方保持合适的距离，出现在对方需要的时候，就会让客户感觉很舒服，对我们产生信赖感。

对于客户来讲，我们只是陌生的推销员，对方不一定想要听我们滔滔不绝的说辞，也不一定会愿意与我们面谈。销售心理专家经过分析得出：客户与销售人员正面交谈时会存在一些顾虑，会把销售人员提出的拜访当作一种心理负担。

小张是众美黎家橱柜公司的销售人员，他和一个大客户徐总已经联系了数日。这天，他再次拨通了徐总的电话：“您好，徐总！我是一直和您联系的众美黎家橱柜的小张。您还记得吗？

“小张啊，我记得呢。”徐总客气地答道。

小张接着说：“非常不好意思再次打扰您，我只是想问问您对我们的众美黎家橱柜还有哪些想要了解的？

“现在还没有问题。”

“那要是没什么问题，您看什么时候方便，我去拜访您一次，以便谈谈我们订单的具体细节。”小刘问道。

徐总本来对小张产品的印象还不错，但是一听他要来拜访，在心里就犯起了嘀咕：万一自己听了小张的介绍突然不中意他家的橱柜了，那岂不是让他带着合同白跑一趟？那多给人添麻烦！

考虑片刻后，徐总回绝道：“这样啊，我最近一直没有时间，还是过两天再说吧！我有需要的话再主动联系你。”

从徐总的心理活动变化我们可以看出，徐总本来并不排斥小张的电话访问，只是当他提出要“专程拜访”时，无形中给徐总增添了心理负担，感觉不买产品就“对不起”小张的来访，最终回绝了小张的预约。不管是新客户还是老客户，并不一定喜欢我们太过主动的邀请。为了不让客户有心理负担，我们可以灵活变通，通过制造一些巧合，顺利面见客户。

王伟是尼桑汽车公司的一名推销员，一次，他给一位客户打电话：“吴总，您好，我是尼桑汽车的推销员王伟，前两天给您打过电话。

“您好。”吴总回答。

王伟说：“今天打电话来是想问问您对我们的车考虑得怎么样了？”

吴总有些不好意思地说：“这个……我还没考虑好。”

王伟高明地说：“这样呀，我下午要去给客户送一辆车，刚好经过您家，这辆车碰巧跟您看中的那辆车的款式和型号一样。您要不要先试开一下？”

吴总：“可以吗？那太好了。”

到了下午的时候，王伟假装经过客户家，顺便让客户试开了一下，吴总感觉很是不错，当即就决定第二天去公司看车。

案例中，王伟并没有提出让吴总专门试车，而是制造了下午要顺道路过的巧合，让吴总毫无心理负担地试了车。与直接邀请相比，客户更喜欢这种随意的碰面，这会减轻客户内心的抵触，让客户愉悦地做出购买决定。

纵使我们内心急切地想要推销出产品，也不可向客户直接表露出来。我们越是想要接近客户，越要“矜持”一些，否则只会增加客户的心理负担，让客户更加抵触。我们在面见客户时，可以精心布置一些巧合因素，譬如，在街上碰到、恰好路过、假装认识等等，这样会让客户放松警惕，避免正式见面的尴尬，让客户在轻松的环境中接受我们的推销。

把客户最关心的问题讲出来

当同类产品摆在客户面前时，客户为什么不买我们的产品呢？很大原因是他们认为我们的产品不够好，不值得买。

对产品的印象是影响客户是否决定购买的关键因素。客户对产品不感兴趣，不是因为产品本身不好，而是因为我们说话不到位，言谈之间没有让客户感受到我们的产品是最好的。

一般来说，要遵循FAB法则：Feature、Advantage和Benefit，即属性、作用和利益。我们按照这样的顺序来介绍产品，往往能够让顾客相信产品是最佳的。客户一旦认同了我们的产品，也就预示着成交在即了。

有一位顾客到A家电专卖店想要购买一套组合音响，A销售人员带顾客看了一圈。

顾客："刚才看的那两款组合音响不错，价钱怎么样？"

A销售人员："那个较大的是1500元，另外一个是2300元。"

顾客："啊？那个小的为什么比较贵，我们外行看来觉得小一点儿的应该更便宜才对！"

A销售人员："那个小的进货的成本就快要2150元了，只赚您150元。"

顾客本来对体积较大的那套组合音响有一点兴趣，但想到另外一套小的居然要卖2300元，而较大的那套组合音响才1500元那它的品质一定粗制滥造，因此，就不敢买了。

顾客又走到隔壁的B家电专卖店，看到了同样的组合音响，打听了价格，同样是1500元及2300元，顾客就好奇地请教B销售人员。

顾客："为什么这套小的组合音响反倒要卖2300元？"

B销售人员："先生，请您过来，我们放同样一首歌，比较比较。"

顾客依着他的话，听起了一首经典歌曲，一个音调比较高，一个声音低沉，不过小一些的组合音响音质明显好于那个大块头的组合音响。

通过亲耳测试,客户很快决定在B家电专卖店购买那套小的组合音响。

虽然是同样的产品和价格，但是客户却选择了能够让自己切实了解到性能的产品。A销售员与B销售员对于产品的解读不同：A销售员只是粗略地介绍了产品价格的差异，而B销售员则是全面细致地让客户了解了产品性能，抓住了客户关心的问题。

我们向客户推销产品时，一定要明确客户关心产品的哪些信息。如果我们向客户介绍的都是一些无关紧要的信息，客户很快就会产生疲惫感，不想继续沟通下去；只有找准客户关心的问题，说客户最想了解的话，才能吸引客户，顺利成交。

说话时注重客户的感受

客户都喜欢当主角，也就是说喜欢被重视。比如，当我们与客户交谈时，如果我们一直喋喋不休地说，忽略了客户自己情感的表达，或是冷落了客户，客户就会转身离去；如果我们能够在说话时注重客户的感受，言谈之间给予客户独特的关怀，客户就会因为这种被重视的感觉乐于与我们交流，成交的机会就更大了。

也许大家都听过“把梳子卖给和尚”的故事，故事中两名推销员在与方丈交谈时表现得很有耐心，并从方丈和寺院的角度提出了关于赠送梳子的合理化建议，并且都正中方丈的心思，给方丈一种梳子是为寺院特制的感觉。方丈听了销售员提出的建议，产生了被重视的感觉，体会到了销售员是从自己的利益出发，认真思考过梳子对于寺院的意义，因而方丈对销售员很快产生了信赖感，决定购买梳子。

如果我们在介绍产品和服务时，也像那两名推销员一样说话，让客户觉得该产品或服务是为自己专门定制的，满足了客户被尊重的感觉，那么客户自然会购买我们的商品。

李丽是商场里的一名西装销售员。一天，她见一名女士逛了几家西装店，都失望地走了出来，最后漫不经心地走进了自己的店面。

李丽：“女士，您好，请问有什么能帮到你的吗？”

顾客：“我想要买一套得体的西装。”

李丽：“我们店大部分都是女款西装，总有一款适合您的，您需要怎样风格的呢？”

顾客：“我是一家化妆品公司的经理，下周要参加一个大型的联谊活动，转了几家，都没发现特别中意的。”

李丽：“您看上去气度非凡，这个牌子的西装感觉蛮适合您，您看一下，它庄重又不失清丽感，很适合您的年龄和职业。”

顾客仔细观看了片刻，点头说道：“嗯，这款还不错，出席联谊会既体面又美观。”

就在顾客回味的时候，李丽上前说道：“您的眼光很准，很会挑衣服。看您这样有品位，以后多来我家店里转一转，这次送您一款特制的胸针，搭配这身西装很合适。”

顾客：“还送胸针呢？这么好！”

李丽：“是呀，这枚胸针是这款西装的设计师亲手设计的，全球仅有100枚，您很幸运，能够得到一枚！”

顾客：“哈哈，好，那就要这款，真是谢谢您了！”

顾客在选购产品时都喜欢受到重视，这是顾客自然形成的一种身份优越感。“客户就是上帝”这样一种观念，让顾客越来越希望得到不同一般的服务。李丽在为这名顾客推销西装时，抓住了顾客喜欢受到重视的心理，赢得了客户的欢心。

上海市一家五星级酒店几乎天天客满，不提前一个月预订很难有入住的机会。他们有什么经营诀窍吗？

原来除了饭店的住宿、餐饮、娱乐等消费的大环境让人倍感舒适和享受以外，饭店还非常重视具体的小服务。

比如李明入住了这家酒店，早上起床出门，就会有服务生迎上来：“早上好，李明先生！”因为饭店规定，楼层服务生在头天晚上要背熟每个房间客人的名字，因此他们知道你的名字并不稀奇。当李明下楼时，服务生就会热心地问：“李明先生，用早餐吗？”

这种细节的服务让人非常受用，更让人称赞的是当李明离开时，甚至在若干年后，还会收到酒店寄来的信：“亲爱的李明先生，祝您生日快乐！您已经5年没来，我们全酒店的人都非常想念您。”

客户在这家酒店中享受到了最舒适的服务，更重要的是受到了最大的重视和关怀。因此，这家酒店的回头客特别多。

只有我们让客户认为自己是足够被重视的，他们才会愿意花钱买单，并且认为钱花得值。这种渴望被重视的感觉每个人都会有，客户是上帝，上帝有这种渴求，我们就要尽力满足，这样才能走进客户的心里。

当然，让客户感受到自己被重视的方法有很多种。我们不必生搬硬套地紧跟客户身后向他们介绍产品，这样反而会吓走客户；我们可以把每一个客户当作我们亲密的朋友，试着从细节打动客户，一个生日祝福，一个电话回访，一份精美的礼物，这些都可以让客户感受到“被重视”。当我们提供给客户“被重视”的感觉时，客户就更喜欢驻足我们的店面，考虑我们的服务，购买我们的产品。

催促顾客买单的话永远不要讲出来

常言道“心急吃不了热豆腐”。在销售中，心急也会让即将到手的订单“飞”走。有些销售员一看到有客户想购买产品，就容易心急，表现出一副赶紧卖出产品拿到钱的样子。然而，我们越是急于卖出，客户越是要仔细思量要不要买。

客户想买并不代表一定会买，客户更看重销售员的服务态度。如果我们在整个销售过程中都谦虚热情，而一看到客户想要购买，就好像大功告成一样，表现得与先前判若两人，客户就会认为：“销售员就是想着法子哄我们购买，一旦我们付了钱，就会原形毕露。”这时客户就会产生一种被骗的感觉，重新考虑是否要签单。

在售楼处，王红正在给一位阔绰的太太推荐新楼。

刚开始，王红面带微笑，柔声细语地为这位太太介绍合适的户型。太太听了满意地说：“我先生是做大生意的，我们就想找个好位置，挑个好户型。”

“一看您就是有品味的人，您看这几款户型，都比较适合您。”王红的眼里放着光芒。

太太说道：“这几个户型倒是不错，不过我自己做不了主，今天是我自己来看的，还要回去跟先生商量一下，到底选哪一个户型。”

王红一听客户要回去想想，顿时急了：“这位太太，您还是今天就做决定吧，这是好地段，我们的房子很抢手的，您过几天再签合同的话怕是晚了。”

太太的脸色顿时变得有些难看，略有怒气地说：“我都不急，你急什么，买房子是大事，我得回去跟先生商量商量。”

见太太有些怒火，王红脸上的笑容一下子不见了，拉着脸说：“我只是提醒您，您现在不定下来，恐怕日后就成了别人的了。”

“你这是什么态度！刚才就是看你服务还不错，才多看几眼，你这样，我是肯定不会买的！”说完，这位太太气呼呼地就走了。

我们看到，王红起初的态度是不错的，而且客户也是有购买意愿的，但当王红听到客户要“回去考虑”一下时，便按捺不住了，急迫地与客户理论起来，最后惹得客户生气走掉，本来有希望拿到的订单也就成为了泡影。

这位销售员的错误在于：太心急。在销售中，心急就容易说错话，引起顾客的反感。很多销售员在销售产品时都会犯类似的错误。他们不清楚客户为什么要购买自己的产品，只想尽快把产品卖出去，自己拿到提成，就万事大吉了。然而，销售员越是心急地想要卖出产品，客户越会考虑产品是否值得买。

在卖场的促销区出现了下面的场景：

“这位小姐，我们公司现在有个促销活动，如果您买了我们的化妆品，就可以享受一些优惠政策，比如免费旅游。”

“不好意思，我对于这些优惠没有兴趣。我从来不买国产品牌化妆品，哪怕优惠再多，价格再低，都不会考虑的，我看重的是品牌和质量。”

“这个您不用担心，我们公司有专业的咨询师，他们会针对您的具体情况给您提供您需要的产品。”

“这种产品对我没意义，我也没必要去搞什么咨询。”

“我可以向您保证这种产品的质量绝对是一流的。而且还能免费旅游，谁不把握这次机会谁就是傻……”

“你才傻！都说不要了，你烦不烦！”于是，顾客头也不回地离开了。

即便我们想尽快卖出产品，也千万不要在客户面前表露出来。卖场中的销售员因为心急，说出了让客户不高兴的话，断送了与客户继续交流的机会。即便我们再急迫，也只能慢慢地说服客户，一旦在客户面前表现出了我们的急切，就只能引起客户的反感，让我们丢失成交的机会。

很多销售员见到客户，就急着问对方“这个你需要吗”，这样的问题很容易吓走对方。如果客户觉得我们是想快一点赚到他的钱，客户对我们的信任度自然就会降低了，倘若因此而失去了订单，对我们来说将是一种遗憾。在销售中，心急是无用的，唯有给予客户最好的服务，才能让客户满意，保住订单。

PSYCHOLOGY OF

SPEECH

第八章

身在职场，你需要练就一张会说话的嘴

请教工作时把老板的身份突出出来

也许你有过这样的体会：干了同样多的工作，做出了差不多的业绩，得到重用的却是别人而不是自己。现在的职场中，有能力的人比比皆是，你不仅要干好工作，还有学会讲话，这样才能得到领导的垂青。

阿明年轻干练、活泼开朗，入行没几年，职位“噌噌”地往上升，很快成为单位里的主力干将。几天前，新老板走马上任，下车伊始，就把阿明叫了过去：“阿明，你经验丰富，能力又强，这里有个新项目，你就多费心盯一盯吧！”

受到新老板的重用，阿明欢欣鼓舞。恰好这天要去上海某周边城市谈判，阿明一合计，一行好几个人，坐公交车不方便，人也受累，会影响谈判效果；打车吧，一辆坐不下，两辆费用又太高，还是包一辆车好，经济又实惠。

主意定了，阿明却没有直接去办理。几年的职场生涯让他懂得，遇事向老板汇报一声是绝对必要的。于是，阿明来到老板跟前：“老板，您看，我们今天要出去，”阿明把几种方案的利弊分析了一番，接着说，“所以呢，我决定包一辆车去！”汇报完毕，阿明发现老板的脸不知道什么时候黑了下来。他生硬地说：“是吗？可是我认为这个方案不太好，你们还是买票坐长途车去吧！”阿明愣住了，他万万没想到，一个如此合情合理的建议竟然被打了“回票”。

“没道理呀！傻瓜都能看出来我的方案是最佳的。”阿明对此大惑不解。

上司就是上司，平时说话应该注意突出他的身份。既然你的角色是为人属下，那么就该摆正自己的位置，在自己的职位上为公司出力，不要

“越位”。

阿明凡事多向老板汇报的意识是很可贵的，错就错在他措辞不当。注意，阿明说的是：“我决定包一辆车！”，在老板面前，说“我决定如何如何”是最犯忌讳的。

尊卑有序是一种纪律的象征，维护领导权威形象是属下分内的事。

在工作中，“越位”对上下级关系有很大影响。下属的热情过高，表现过于积极，会导致领导偏离帅位，大权旁落，无法实施领导的职责。因此，领导往往把这视为对自己权力的严重侵犯。

下属如果经常这样做，领导会视之为“危险角色”，不得不警惕你，甚至来制约你，这时，即使你有意同领导配合，领导也不愿与你配合了。

向领导邀功请赏的说话技巧

职场上，很多下属努力工作后，“领赏”时却发现“酬劳”远不如“付出”，而且还会碍于颜面，又不敢向领导邀功请赏。

其实，大可不必如此，只要掌握了技巧，向领导邀功请赏并不会招致对方反感。

丁香是一家公司的经理助理，长期以来，她一直勤勤恳恳地工作，因而得到了经理的信任和赏识。一开始，丁香还很高兴，但时间一长她发现，经理只是在口头上对她进行赞赏，却没什么实质性的表现，比如加薪等。丁香认为再这样下去，自己的工作积极性迟早会被消磨掉的。但怎样才能向经理提出加薪的请求呢？丁香思考了一阵子，终于找到了方法。

这天，丁香所在的部门完成了一个重大的项目，其中丁香付出了很多努力。在项目的庆功宴上，丁香看到经理心情不错，于是走过去和她闲聊：“经理，这次的项目多亏了您的指导，才能这么快顺利地完成，您真是我们的领头羊。”

经理笑着说：“丁香，你这回也付出不少啊。”

丁香趁机说：“是啊，这次的项目是我们公司的重点项目，为了它我可是连着通宵了好几个晚上，总算是没有白努力。不过，很可惜，我错过了和家里人出去度假的机会……”

经理听了丁香的话，思考片刻后说：“丁香，现在部门工作比较繁忙，实在不能给你提供假期，这样吧，鉴于你这次的重大贡献，我会让财务给你调整薪水的，你就先安心工作吧。”

听了这句话，丁香笑着说：“谢谢经理，我会继续努力的。”

借项目顺利完成的庆功宴，丁香适时表达了自己的想法，最终实现了加薪的愿望。身处当今职场中，我们也应该学会这招，在适当的时机跟你的领导“邀功请赏”。

当然，“邀功请赏”也要把握好分寸，不能让自己“太吃亏了”，也不能要求太多，引起领导的反感。以下两点可供参考：

第一，不争小利。

不要为蝇头小利而去和领导争辩，这只会有害无益。要在话语间显示出你对小利的不在乎，这会让你在领导的心目中形成“甘于吃亏”“会吃亏”的好印象，在小利上坚持以忍让为先。

第二，夸大困难，允许领导打折扣。

有时你把困难说小了，领导给你记的功就会小，给你的好处也会少。因此，要学会充分“发掘”困难，善于向领导说出你面临的困难，可以夸大你应得的利益，给领导留一些“余地”，允许领导重新衡量你的贡献。

此外，在向领导请赏的过程中，一定要按“值”论价，等价交换。假如你拉到10万元赞助费或为单位创利100万元，你要按事先谈好的“提成”比例索取报酬，不能扩大要求，也不要让领导削减对你的奖励。

说建议时别否定上司的想法

职场中，给领导提建议时，提建议者总会有一定的心理压力，害怕好心提建议反而把与上司的关系弄僵了。究竟如何说话，才能既让上司接受你的建议，又让他觉得你不是在故意与他为难或者不给他面子呢？这确实是件难办的事，因此，给上司提建议要学习一些实用的技巧。给上司提建议时，要注意以下策略：

第一，让他在自然状况下认识你的能力、你的价值。首先要寻找共同感兴趣的话题，然后认真听取他的意见。在恰当的时候，对他的观点做些补充，提出新的问题。这样，可以使他认识到你是有知识、有自己见解的。

第二，交谈的话题要是上司熟悉的。如果用他根本不懂的或专业性过强的术语，会使他觉得你在难为他，或使他认为你的才识对他的职位构成威胁而产生戒备心理，进而在行动上远离你、压制你。

第三，向上司提建议时，要有理有据地陈述你的观点，以谦虚的语气，征求他的意见。这里，要注意的是，在向上司提建议时，要根据上司的性格和行为特点采用他乐于接受的方式，例如，上司随和，采用口头建议；上司严肃，采用书面建议；上司自尊心强，可私下交谈；等等。

第四，体察领会上司的心态。学会关心上司，在他一筹莫展时，主动为他出谋划策，并尽自己的力量帮助他。

下面具体谈谈向上司提意见的方法、技巧。

1. 多“引水”，少“开渠”

多“引水”，少“开渠”的意思是，向上司“进谏”时不要直接点破上司的错误所在，或越俎代庖地替上司做出所谓的正确决策，而是要用引导、试探、征询意见的方式，向上司讲明其决策、意见本身与实际情况并不相符合，让上司在参考你所提出的建议后，水到渠成地做出你想要的正

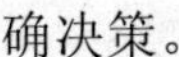

确决策。

2. 多献“可”，少加“否”

多献“可”，少加“否”的意思是，在下属向上司“进谏”时多献可行的，少说不该做的。它包括两层含义：一是要多从正面去阐明自己的观点；二是要少从反面去否定和批驳上司的意见，避免与上司发生正面冲突。

3. 兼并上司的立场

在实际工作中，上司毕竟也是人，俗话说，人无完人，金无足赤。上司在某些方面有缺陷是很正常的，关键是作为下属要有一个正确的心态，认识到上司也是人，不是神。立场站对后，处理同上司之间的关系就会顺利得多。

兼并上司的立场，的确不失为向上司提意见的上策。首先，它没有排斥上司的观点，它是站在上司的立场，最终是为了维护上司的权威，出发点是善意的；其次，这种策略是一种温和的处理方式，能够充分照顾上司的自尊，易于被上司接受，效率较高；最后，它需要很强的综合能力，需要很高的社会修养，并能够针对不同情况，不断提出有效率的兼并上司立场的意见，久而久之，自己的领导能力亦会迎风而上，飞速提升。

4. 以此说彼

以此说彼就是以别人成功的例子论证自己建议的可行性，无形中为自己营造一些气势。

给上司提建议，最好自己对该建议能有百分之百的把握，如果能引经据典地以真实存在过的例子为证，无疑会让自己的建议更有说服力。上司若切实从内心认可了这个建议，认识到建议将会带来的利益，就必然会乐意接受。

话语间让领导感受到我们的尊重

领导虽然和我们一样都是普通人，但是因为领导处在一个可以发号施令的地位，下属对于他便会有一种本能的敬畏感，而领导自己也有他自己的优越感。在领导的认知里，他一定要得到下属的尊重，所以我们在和领导说话时，一定要放低姿态，让领导感受到我们的尊重。

赞同领导的意见是对其表现出的最为首要的尊重，当然这并不是要我们成为没有个人观点的应声虫，领导需要的也不是这样的下属。当我们想要改变领导的想法时，我们要做的不是直接指出他的错，而是要放低姿态，保持尊重，不强调自己才是正确的，而是应该运用语言技巧把领导的观点转移到正确的一面，让领导慢慢意识到你的观点是正确的。

小张大学毕业之后参加了××市的事业单位考试，很幸运地考上了本市的一家事业单位。因为机会难得，小张在工作中任劳任怨、兢兢业业，就这样他在这里工作了五年。但是因为他并不是善于表达自己的人，除了本部门的人之外，大多数人都对他不太熟悉，并且因为他生性耿直，说话大大咧咧，还得罪了很多人，其中也包括他的领导。

这一年小张所在的单位，政府给了一些补贴房，在这个房价飙升的年代，这些廉价的补贴房是十分珍贵的。因为所有人都想要得到补贴房，所以单位决定按照工作年限和表现分配这批补贴房。小张正好在符合标准的人选当中，他十分高兴，连忙将这个好消息告诉给了家里人，同时也做好了入住的准备。

但是在分配名单出来之后，小张发现上面甚至有比他晚工作的同事的名字，却没有他的名字，他十分生气，认为是领导将他忘记了，于是怒气冲冲地来到了领导的办公室。

他推门进去就说："王主任，你是怎么办事的，我的工作年限和工作表现都符合标准，但是补贴房的分配名单里却没有我，你是不是把我漏了。你是领导，怎么能这么不负责任，赶快把我添上。"

说完这话，小张就等着王主任的答复。这时王主任心想小张真不懂事，因为这时他的办公室里还坐着其他部门的领导，他们在商谈一些工作上的问题。小张的无理让他在这些人面前颜面扫地，让人觉得自己是一个在下属面前完全没有威信的领导。

王主任虽然心里很生气，表面上还是要维持领导的风度，他说："小张啊，不是我把你忘了，咱们单位有几个外地的大学生要结婚，急需用房。我想你是老员工了，不会和他们计较的，所以就先分给他们了，你不要介意啊，明年我不但优先把房子分给你，还一并给你提干，怎么样？"

听了领导的话，小张十分高兴，他说："你这样说还差不多，那我先出去了。"小张洋洋得意地以为领导被自己的气势压住了，这个单位没有他是不行的。他欣慰于自己认真工作得到了领导的认可。从这以后小张一直等着领导提升自己。但是不知道为什么在以后的几年里，领导既没有将房子分配给小张，也没有给他提干。

后来小张辗转得知，领导对于他那天的无礼言行十分愤怒，他已经被领导列入不再重用的黑名单里了。

职场中的人际关系是非常复杂的，有时我们得罪领导的原因不是做错事了，而是因为不注意说话方式或者说话态度，没有表现出对领导的尊重，维护领导的尊严。

适时对领导谏言是十分必要的，但每一个领导是否都有接受批评的胸襟，却不一定。即使领导能够接受批评，在他的内心里依然会觉得非常不舒服。其实忠言未必要逆耳，选择合适的态度，放低自己的姿态，才会达到自己预期的谈话效果，甚至能取得更好的结果。

老板面前，不要急于表态

领导作为一家公司或者一个部门的负责人，他考虑的是整个大局的发展，在做决定时领导往往不会把他的决定明确地表达出来，而是会给下属提供一个比较模糊的说法。这其实是领导运筹帷幄的表现，同时领导还可通过这个方式来考察下属，找出能令他信任的人。

面对这种情况，有的人往往沉不住气，直接就去找领导直抒胸臆，贸然向领导表态，结果不但没能从领导那里得到满意的答案，反而有可能失去了被提拔的机会。

大鹏是一家公司的小主管，为人比较正直，说话也比较直白，经常不注意方式、场合。有一次，大鹏上面刚好空出一个经理的职位，本来大鹏是最有希望晋升的，这件事也让大鹏高兴了好一阵子，没想到，老板却把大鹏叫到办公室，说这个职位要在大鹏和小李等人之间产生，有可能还会有其他的候选人。大鹏顿时犹如被泼了一瓢冷水，不悦的情绪立刻表现出来，虽然没有对老板说什么，但在私下里却牢骚满腹。因为这个职位，除了大鹏，实在没有更合适的了，大鹏在这家公司的业绩和能力是有目共睹的，而且颇得下属的爱戴和佩服。

大鹏实在不理解老板的想法。他准备跟老板好好争取一下，所以大鹏又找到老板，并陈述自己的功绩，可老板还是坚持己见。大鹏有点愤怒了，一气之下，向老板提出了辞职，他觉得凭自己对公司的贡献，老板是不会同意的。没想到，老板居然同意了。

第二天，新经理的职位被和大鹏地位一样，却没有大鹏能力强的小李担当了。其实当天老板也对小李说了与大鹏同样的话，但小李却勤勤恳恳、任劳任怨，没有任何的抱怨。而大鹏由于说话鲁莽，把升迁的机会拱手让给了他人。

在上述案例中，大鹏和老板之间就是一场博弈，是一场职场的博弈，也是一场谈话的较量。老板对大鹏说那些话正是要看大鹏表现出的一言一行，他要根据大鹏的表现，再做出自己的判断。结果大鹏没有了解老板的想法就急于表态，惹得老板不满，好机会自然落不到他身上。

从大鹏的例子中我们可以看出，在领导没有对某件事情做出明确决定前，下属最好不要急于表态。有可能领导只是借此机会考察你而已，如果你贸然表态，只会招来领导的不满，而你也会因此失去了领导的信任和赏识。

聪明的下属在面临领导的模糊决定时，要学会不急于向领导表态，要审时度势，积极从领导的话语中体会领导的内心想法，在努力做好自己工作的前提下积极与领导沟通，这样既得到了领导的认可和信任，也会让领导在有提拔机会时第一时间想到你，这才是聪明的讲话策略。

把领导的关心点汇报出来

建材公司的冯涛从一个用户那里考察回来，敲响了经理办公室的门。

冯涛坐定后，并不急于回答经理的问话，显出一副心事重重的样子。因为他十分了解经理的脾气，如果直接将不利的情况汇报上去，经理肯定会不高兴，搞不好还会认为他工作不力。

经理见冯涛的样子，已经猜出了肯定是对公司不利的情况，于是就问道："情况糟到什么程度，有没有挽救的可能？"

"有！"这回冯涛回答得倒是十分的干脆。

"那谈谈你的看法吧！"

冯涛这才把他考察到的情况汇报给经理并详细地谈了自己的看法。结果，领导特别满意。

不久，冯涛被调到了销售科，专门从事产品营销，公司的建材销量节节上升，冯涛也越来越受到重视，很快成了公司的骨干。

汇报工作并不是简单的口头叙述事情。有的人汇报工作，准备得十分充分，汇报得也很仔细，可领导听后似乎无动于衷，整个汇报没有取得期待的效果。还有的人在直接向上级汇报工作时，心理上没什么压力，而越级汇报工作，结果给人一种不稳重的感觉。然而，另外有些人却不这样，他们不论向哪一级领导汇报工作，都镇定自若，恰到好处，每每博得上级领导的好评乃至赞扬。

从一定意义上讲，汇报工作是一种比较特殊的回答式对话，既有说话的技巧，又有心理沟通的艺术，是一门综合学问。掌握这门学问的人，汇报工作时说话既清楚、简练，又分寸得当、逻辑性强，说出的道理也令人信服，上级领导一听就明白，心理上也易于产生共鸣。

案例中冯涛为自己赢得了晋升机会。对于汇报重心的把握，简而言之，上级的关心点就是你报告的重点。

要想使自己的汇报令上司满意，管理者需要学会采取以下几种技巧：

调整心理状态，创造融洽气氛。

以线带面，从抽象到具体。

突出中心，特点鲜明。泛泛而谈，毫无重点的汇报显得很肤浅。

弥补失误，力求完备。

把握汇报工作的“度”。

选择汇报工作时机。

不要事事汇报，要抓住重点。

向领导充分地陈述加薪或升职的理由

对大多数职场中人来说，获得升职加薪纵然不是唯一的目的，但对于证明自己的价值也是至关重要的一点。对这个问题，如果我们采取消极等待的措施，不知道要等到何年何月；如果我们直接去找上司提出升职加薪的要求，往往会感到极度尴尬和紧张，不知如何说服，甚至还有可能薪职没有升，却把上司得罪了。在要求升职加薪的时候，我们陈述加薪或者升职的理由要充分，在面见上司时，你要做的准备工作有以下几点：

1. 尽情表功

如果你的工作表现在整个单位内算得上是中等水平，且并不拥有其他工作机会，此时，在上司面前表明你的工作效益，运用“尽情表功法”或许最为适当。

在运用这种方法前，你应先将过去一段时期内你所做成的最有意义和最不寻常的工作成绩开列一张清单，然后正式谒见上司，并非常诚恳地提出你的要求。和上司面谈的时候，你可以按照清单上的次序指出并叙述你一系列的优异工作表现以及由此给公司带来的巨大利益，促使他当场做出良好而有效的评价。只要他没有消极性的评价，你所提出的升职加薪的要求便有可能获得接纳。

2. 超过上司的期望

在工作中，如果你完成的每一项工作都达到了上司的要求，那么很好，你可以称得上是一名称职的员工，你不会失业，或许还可以得到升职加薪。但你可能永远无法给上司留下深刻的印象，永远无法成为上司的重点培养对象，也永远无法在公司中达到你事业的顶点，也永远不会实现持续的升职加薪。只有在超过上司对你的期望时，你才能使他的眼睛一亮，才能让他在遇到一些高难度工作的时候想起你，给你一个锻炼的机会，为你的升职加薪创造一个个宝贵的契机。

要想升职加薪，就要学会在领导面前推销自己。推销自己并不是一味地在人前人后表现自己。表现，是一个人刻意地将自身的优点暴露给别人看，目的是使别人从内心里佩服他，所以这样的人说话办事常常会以一种自负不凡的姿态表现出来，在与那些不如自己的人交往时，他有时会趾高气扬、不可一世。这往往会让人觉得这个人太高傲、看不起人。若是在领导跟前也这样表现，就是不会把握时机，不会推销“秀”出自己了。

把你的功劳幽默地汇报给领导

每个人的身上都蕴藏着巨大的能量，职场成功并不需要将自己彻底改头换面，你要做的只是恰如其分地将自己的优点与优势展示在同事和领导面前，将自己的潜能极大地发挥出来。而要做到这一点，拥有好的口才很重要。

要想让领导看到你的功劳，下属在向领导汇报工作时，可运用一些幽默的话语，这样既能够突显出你的语言魅力，又能衬托你的工作能力。

方宇在公司的新品研发中做出了重大贡献，在庆功会上，面对领导和同事的祝贺，方宇笑着说："其实这个新品主要得益于领导的帮助和指导，领导只不过是把他的才华借给了我，我只是负责执行而已。"

经理笑着接纳了方宇的恭维，心中对方宇的付出也更加肯定了。

面对自己取得的成就，方宇没有显示出骄傲，也没有完全占有功劳，反而对自己的领导展示出了谦逊的一面，用语言暗示领导的功劳。

我们怎样才能将方宇的这种说话方式应用到工作中呢？面对自己的领导，应该怎样在汇报工作时将自己的能力与优势婉转地表达出来呢？

不要以为自己和其他同事一样是在领导的视野里努力工作的，只要用功了，就能得到应有的奖赏。很多时候，并不是如此，有时候自己一直在拼命地工作，领导却可能一点也看不到。这是一个信息化的时代，光做事情是不够的，一定要懂得和领导沟通，委婉地把自己的成绩汇报给领导听。否则，纵使你累得半死，也很难获得加薪、升迁的机会。

文先生自从毕业之后就在一家公关公司上班，工作一直非常认真，自我感觉也很不错。但是，上司似乎总也看不到他的成绩，文先生不喜欢表功，上司让他们随便谈论自己成绩的时候，他总是很谦逊地说："其实，我也没有做什么成绩，只是个帮扶的小角色，都是在大家的帮助和努力下完成的！"

后来，文先生意识到这样的回答并没有让上司觉得他是在谦虚，反而觉得文先生真的什么都没有做。于是，文先生进行了调整。有一次，他只花了一个星期就将一笔业务做成了，于是，他开始趁热打铁，显示自己的功劳。

在一个偶然的机会下，他假装玩笑地跟上司提起："我刚和一个朋友谈完，就成交了这笔生意！前后还不到几分钟的时间。更具体地说我的思想还停留在谈判的境地呢，结果就被谈判成功的结果给拽出来了。"

上司果真非常高兴，他建议文先生告诉公司的财务部门，好让公司同仁知道这笔进账。再后来，他升职做了主管。

文先生发现，不管自己做了多少事情，付出了多少努力，如果自己不提，不会有谁帮你去告诉领导。而领导也不会将自己的注意力集中在某个下属的业绩上，他们关心的是整个公司的运转。借由汇报工作的机会，不留痕迹地幽默表功，正适合那些有点内敛的人。

如果你没勇气直接向领导汇报自己的功绩，就学习用幽默的方式向上级表功。这种方式不仅能让领导对你刮目相看，还能充分体现出你的聪明和技巧。

作家黄明坚有一个形象的比喻："做完蛋糕要记得裱花。有很多做好的蛋糕，因为看起来不够漂亮，所以卖不出去。如果在上面涂满奶油，裱上美丽的花朵，人们自然就会喜欢来买。"

工作也是一样，如果你不打算继续坐冷板凳，蹲在角落里顾影自怜，那么，每当你做完自认为圆满的工作时，就要记得向领导做一个幽默的汇报，别怕人看见你的光亮。

PSYCHOLOGY OF

SPEECH

第九章

把话说好，别让管理输在口才上

管理不要通过唠叨来实现

作为一个公司的领导，想要让员工积极主动地工作，为公司创造更多的绩效，就要想办法调动员工的积极性。那么如何才能调动起员工的积极性呢？领导口才是不可忽视的一个重要因素。

无数事实告诉我们，会做事不如会说话，作为领导，拥有杰出的说话能力是非常重要的。一般而言，对于管理者来说，他们都有谈论企业成员功过是非的权力，也有说服下属、提示下属的权力。尤其是在与员工进行面对面的沟通时，语言沟通更是必不可少。因为通过语言沟通，可以解决一切问题。但是，让人不解的是，有些管理者似乎天生就喜欢唠叨，在与下属沟通时，没有语言技巧，只会喋喋不休地唠叨。

甘乃斯·M. 古德认为，唠叨不是一种有效的沟通方式，没有一种有效的沟通是通过唠叨实现的，相反，它只会引起员工的反感。即使是一位伟人，也会在唠叨面前变得无所适从。

拿破仑三世的皇后玛丽·尤金尼是一位绝世美人。拿破仑三世曾被她的美貌深深吸引，但是他周围的人却对他们的婚姻极力反对，因为玛丽只是西班牙一个没落贵族的女儿。但是拿破仑三世还是不顾一切地娶了她，并封她为皇后。他们具备人间所有至高无上的东西，健康、权力、富裕、名声、爱情……也许这是人世间最完美的结合。但是，度过一段幸福的生活后，这份美满的爱情逐渐失去了光芒。原来，让拿破仑三世没有想到的是，纵使全国最昂贵的物品、最至高的权力也无法阻止玛丽滔滔不绝的唠叨。

满肚子嫉妒与猜疑的玛丽，完全不听拿破仑的规劝，经常会闯进政治会议中心来吵闹，并且怀疑拿破仑三世有外遇，更是对拿破仑严加看管。除此之外，她还去妹妹家诉说丈夫的不是，或是到拿破仑的书房里哭闹一顿。这使拿破仑三世很恼火，他们的婚姻由此滑向了不幸的边缘。

还有一个例子，也是与唠叨有关。托尔斯泰夫人在临终前向女儿们说：“都是我的不好，才使你们的父亲那么早死去。”

女儿们并没有说什么，她们相信母亲说出了自己的心声，虽然现在母亲后悔了，但是她们的心里清楚，由于母亲时常的埋怨、责备、唠叨，才使父亲备受精神折磨而过早地离开人世。

可见，唠叨只能给自己和别人的一生增添烦恼。波士顿一家邮报甚至报道：“世界上的太太们，一天到晚不停地唠叨，无异于自掘婚姻坟墓。”

伟大的人物尚且会被莫名的唠叨所累，更何况一个普通的人呢？如同家庭主妇一样，企业老板、管理者如果不能管好自己的嘴，到处惹是生非，说长道短，只会败坏自己的形象。

任何管理，都不是通过唠叨来实现的，所以，作为管理者，不能把唠叨当作自己的法宝，没有员工愿意接近爱唠叨的上司，更谈不上接受他们的建议。

在下达命令时，要及时引导

很多领导在给员工讲道理的时候，都很强势，总是用不容置疑的口吻给对方下命令，让对方必须怎么样，这是不好的。要知道，坚定的语气可以让员工更相信我们，但不容置疑式的强悍就有些过头了，会让下属反感，觉得自己被小觑了。

对方或许会因为领导的职位更高而不当面反驳，但内心一定是有抵触情绪的。此时，他们只会在领导面前点头，背后偷懒，所以，作为领导者，一定要注重下达命令的艺术。

有一个秘书这样说自己的经理：他从来不直接以命令的口气来指挥别人。每次，他总是先将自己的想法讲给对方听，然后问道："你觉得，这样做合适吗？"他在口授一封信之后，经常说："你认为这封信如何？"如果他觉得助手起草的文件需要改动，便会用一种征询、商量的口气说："也许我们把这句话改成这样，会比较好一点。"他总是给人自己动手的机会，他从不告诉他的助手如何做事；他让他们自己去做，让他们在自己的错误中去学习和提高。

可以想象,在这样的经理身边供职,一定会感到轻松而愉快。这种方法，维持了部下的自尊，让部下感到自己是被尊重的，从而更希望与领导合作。

多用"建议"，而不用"命令"往往会收到意想不到的效果。因为这样做能维持对方的人格尊严，使对方有一种被尊重的感觉，执行任务时就会尽心尽力。

人都是或多或少有些自负情结的，当听到别人粗暴强硬地命令自己时，总会觉得不舒服，从而产生抵触情绪。我们要做的不是用更加强硬的态度将这种抵触情绪压制下去，而是要用其他的办法将之消灭。最好的办法就是命令和引导相结合，让它根本就没有出现的机会。

要知道，让别人按照我们的意愿做事，并不是让别人成为我们的附庸，而是要拉上别人一道去做一番事业。因此，切不可以摆出自己是老大的架势来，用不容置疑的口气跟别人说话。那样就摆错了自己的位置，同时也背离了我们的初衷。

要多学习那些有良好演讲才能的人是怎么说话的，然后多多借鉴他们的讲话方式，让我们也成为讲话高手。

提意见时要照顾好员工的心情

做事容易做人难，尤其是身为领导，如何处理好与下属的关系更是难上难，管得多了不但没有效果，反而会影响彼此之间的关系；管得少了虽然能保住彼此的感情，但是效果又不好。所以，这就需要我们了解一些人的心理，掌握一些说话策略。下面就让我们先看看这两种对话方式：

领导："喂，你最近的表现可不太好啊！"

员工："可是我已尽了最大努力了。"

领导："努力？我怎么看不出来你在努力"。

员工："我难道不是在工作吗？"

领导："你怎么能用这种态度说话？"

员工："那你要我怎么说呢？"

领导："你太自以为是了。这就是你的问题所在。"

不难发现，领导这样对员工说话，完全没有顾及对方的心理感受，很容易让其心生不满，甚至产生敌意，所以这将不利于以后工作的开展和公司的团结。但是如果领导换一种说法方式，效果就会完全不同了。

领导："喂，最近表现得不太出众啊，这可不像是你的作风。"

员工："我已经尽了努力了……"

领导："是不是有什么心事"？

员工："实际上……妻子住院了！"

领导："是吗！你怎么不早说，家里出了事理应多照顾，要不就先请几天假，好好在家照顾一下病人。"

员工："好在已经没有什么大问题了。"

领导："噢，那就好。如果有什么困难尽管来找我。"

例子中的领导既委婉地提出了意见，又照顾到了下属的心情，一句“是不是有什么心事”让员工觉得领导对自己很关心，很重视，有了这样的效果，那么他的内心必然会对领导充满感激，你所讲的话他也能听进去。

与下属沟通时，作为领导者，最忌讳的就是不注意说话方式，倚仗自己的地位，肆意贬低下属。这样不仅解决不了任何问题，还会使矛盾激化。要注意，千万不可让对方对你产生敌意。具体方法，可以从以下几点入手：

第一，谈话要客观，不要过于急躁，也不要在谈话之前就对对方怀有不满和厌恶。

第二，要站在员工的角度为员工着想，当员工与你的意见相反时，切忌用权力去压下属。

第三，要尊重员工，不能对其进行人身攻击，或者使用尖酸刻薄的语言，不要伤害员工的感情。

第四，与员工沟通要挑对时机，如果对方的情绪过分激动，其是非的判断力、意志的驱动力都会变得“模糊”，处于抑制状态。此种状况下，任何“强攻”都很难奏效。不如暂停说服工作，告诉对方，好好休息，下次再慢慢谈。停一停再谈，这对扭转认识，稳定情绪具有很大作用。

第五，如果员工有错，批评时也要适度、有分寸。

第六，如果员工对你已经产生敌意，可以通过鼓励、安慰等方式消除隔阂。

如果你想要下属永远支持你、辅佐你，就一定要懂得利益分享的道理，目光不要太短浅，心胸不要太狭窄，千万不能好处占尽，完全不顾及下属的个人利益，否则，是不会有人真心辅佐你的，到头来成为“光杆司令”的你自然也不可能在领导的位置上久待下去。

对下属说话要“晓以利害”

领导和下属的关系就像鱼和水的关系，没有下属也就没有所谓的领导，如果下属心存怨气，做领导的不应置之不理，应该赶紧想办法平息！那么怎样才能有效地平息怨气呢？

某市无线电厂由于长期亏损，债台高筑，濒临破产。这天，该市电视机厂对无线电厂实行有偿兼并的大会在无线电厂举行。上千名职工感到耻辱，坚决反对兼并，愤怒的人群争吵着、吼叫着、吹口哨、鼓倒掌，场面十分混乱。

这时，电视机长的吴厂长，扯大嗓门对陷入失控状态的人群喊道：“我告诉你们一个事实，到下个月工商银行的抵押贷款就要到期，无线电厂马上就要破产，上千名职工就要失业！难道你们愿意这个具有几十年历史的我市唯一的收录机专业生产厂家破产吗？难道我们厂上千名职工情愿失业，重新到社会上待业吗？请问，谁能使无线电厂不破产？谁能使上千名职工不失业？是能人，请站出来说话，有高招，请拿出来！你们反对兼并，拿出主意来！”

愤怒的人群开始静下来，吴厂长面对着上千双翘首以待的眼睛，接着说：“我吴某人不是资本家，是国家干部。就我个人而言，叫我兼并无线电厂，我才不干呢！我又何必自讨苦吃？可我是共产党员，看到国家受损失，我于心不忍啊！”

这时有人站起来说：“我要问你，你能保证我们不失业，无线电厂不破产吗？”

吴厂长说：“有些同志对我不信任，这是可以理解的，因为不了解嘛。请大家放心，从并厂后第一个月起，如果再亏损，由我吴某人负责。我和大家同舟共济。如果要下海，我第一个带头跳！至于具体办法，我这里就不说了！”

这时，全场爆发出雷鸣般的掌声。

案例中，在当时骚乱的情况下，面对愤怒的人群，训斥制止不会有作用，婉言相劝想必也不行。这时，吴厂长直言利害得失，终于打破了人们的认识障碍，镇住了混乱的场面，又消解了大家的怨气。

上司相对于自己的利益，更关心单位的整体利益，而下属却关注自己的切身利益胜过于关注整体利益。因此，对下属说话应该记住“晓以利害”这一技巧，当他们对某件事有与单位上司不同的想法时，作为上司的你就应该明智地对他们做一番权衡利弊的分析，只有让他们觉得你的决定才是真正有利于他们切身利益的时候，他们才会真心地消除不满，转而支持你的工作。

作为领导，如何才能让下属消解心中的怨气，而又不失自己作为上司的尊严与威信呢？请你铭记：

主动自责。犯了错误，就要主动承认，这样才能树立起自己的威信。

晓以利害。作为上司的你应该看时机明智地对他们作一番权衡利弊的分析。

抓住实质。打开下属心中“怨结”的关键就是抓住令他们生气的问题的实质，带领他们走出思想的误区。

批评女下属，要顾及女人的薄面皮

当今职场，女人也顶半边天，在这些职场女性中，有一部分人由于她们的阅历问题，难免会犯一些小错误。这时候，作为一名男上司，你可能不得不提出批评，但是，如果你只是一味地严厉批评不顾及女人们的感受，不仅达不到目的，弄不好还会产生副作用。

张先生的侄女张丽是一所名牌大学的毕业生，毕业后来到他的公司工作。由于她刚刚毕业，对于商业常识和生意上的事一点儿也不了解，有一段时间，她经常犯一些错误。有一次，张先生真想批评她几句，但再一想，她年纪轻、阅历浅，不可太苛求，于是改用和颜悦色的方法对她说："现在你做错了事，自然是难免的，我在你这个年纪的时候，做的错事比你多得多，所以我相信将来随着年龄的增长，你一定会增长才干的，现在你照着这样做不是好多了吗？"

张先生的方法很妙，他首先承认自己也会出错，然后再指出别人的错误，就会让人的心里好受许多，也让人更易于接受批评。

一般来说，当女人做错了事，或做了件吃亏的事时，除非她自己坦白地承认错误，否则，如果是由他人直接指出她的错误，她可能会找出种种理由加以辩解。女人因为知道自己闯了祸，心里必然是不安与难受的，所以，批评她们时，一定要讲究方法，最好先顾及她们的面子，揣着同情心去批评。

因此，如果你的女下属犯了错，你要揣着同情心去批评。要时时想着自己和她是站在一起的，而不是和她对立的，说话时先要对她们所犯的错误表示理解和同情，使对方减少不安，然后再用温和的态度指出她的错误。

另外，在批评女下属的时候，说话要尽量委婉和蔼，不要用过分刺激的或使人听了不舒服的字眼。如“你真糊涂，这件事完全搞错了！”用这种语气说话是没人可以忍受的。作为你的下属，她们或许慑于你的的威势不敢吭声，但心里肯定是不服气的。

对于女下属那些无法挽回的错误，你也应当站在她的立场上，给予恳切的指正，而不要严厉地责问，从而使她知错能改。纠正对方的做法，最好用请教式的口吻，不要用命令的语气，比如说“你不应该用红笔写”，就不如说“你觉得是否用蓝笔写更好一些呢”。

总之，指正的话越少越好，能用一两句使对方明白就行了，然后把话题转到其他地方，不要唠叨个不休，使对方陷于窘境，产生反感。

对想辞职的员工，你可以这样说

如果你的下属向你提出了辞职的要求，而他又是一个不可多得的人才，那么怎么做才能挽留住他呢？

魏征是唐朝一个很有才干的人，原先魏征侍奉皇太子李建成，因为敢于进谏而不受李建成的欢迎，李建成不仅对他的建议漠然置之，有时候还批评他。李世民掌权后，很器重魏征，为了鼓励魏征敢于直言进谏，唐太宗李世民每次都很虚心地听他献策，并经常赞扬他敢说真话实话。

在李世民的赞扬和鼓励下，魏征至诚奉国，真是喜逢知己，竭尽所能，知无不言，先后共陈言进谏二百多件事。后来，魏征想以目疾为由回乡休养，李世民为挽留这位良臣，极力赞扬魏征的敢于进谏，表达了自己的赏识之情，道："您没见山中的金矿石吗？当它为矿石时，一点也不珍贵。只有被能工巧匠冶炼成器物后，才被人视为珍宝。我就好比金矿石，把您当作能工巧匠。您虽有眼疾，但并未衰老，怎么能提出辞职呢？"魏征见李世民如此诚恳，也就铁了心跟着他干了一辈子。

"千金易得，一将难求"，优秀员工的跳槽时常困扰着领导。任何公司都避免不了竞争者的袭击，高素质的员工总是会有工作机会找上门来。

当优秀员工递上他的辞呈时，领导们不见得就束手无策，但能把多少人留下来，决定于你的反应速度有多快、劝留是否有效。

案例中当李世民得知魏征要辞职时，赶紧在他没有下决心之前，用巧妙的比喻指出他对朝廷所做的贡献，从而坚定了魏征为他继续效力的信心。

由此可见，及时的赞美不失为挽留员工的一个好办法。

除了赞美之外，如果你想用其他的手段来留住想要辞职的员工，那么你应该铭记：

即刻做出反应。领导应该马上放下预定的活动，任何延误都会使辞职不可挽回。

保密消息。绝对封锁辞职的消息对双方都很重要。

倾听员工心声。领导要坐下来和想辞职的员工交谈，仔细聆听，找出其辞职的确切原因。

组织方案。一旦收集到准确材料，领导们应该形成一个说服员工留下来的方案。

全力求胜。有了成熟的策略，就该着手赢回员工了。为员工解决困难，把他争取回来。

PSYCHOLOGY OF

SPEECH

第十章

社交口才，是立足社会的资本

精彩地介绍自己，让别人牢牢记住你

某公司月底大会上，新人们在做自我介绍。第一个新员工说：“大家好！我叫王小林。”第二个说：“我叫张慧，来自河北，毕业于山东大学。”第三个说：“大家好，我是黄青翔，我不是黄健翔的妹妹，我不爱足球，也不喜欢咆哮，我是很文静很亲切的南方女生，很高兴认识大家，希望以后我们能成为好朋友。”三个人的自我介绍有着不同的效果。第一位极其简短的介绍把大家弄懵了，大家都在盼望着听他再说些什么，可他就这么戛然而止了。第二位的信息量多了一些，但是大家都听得了无兴致，之前不知道听过多少遍类似的自我介绍了。第三位的介绍获得了大家的掌声和笑声，这位小姑娘不仅把自己和名人黄健翔联系在一块，还加上了类似“凡客体”的介绍语，让大家不禁兴趣盎然，想不记住她都难。

精彩地介绍自己，给人留下深刻印象，是让别人记住你、喜欢你的第一步。著名主持人汪涵在第一次登台做主持时，就好好地把握住了介绍自己的机会，给观众留下了深刻的印象。1998 年 5 月的一个周五晚上，汪涵登上《真情对对碰》的舞台，对着观众们这样说道：“大家好，我就是英俊潇洒、风流倜傥、无与伦比、天下第一、武功盖世、玉树临风的著名节目主持人吕念祖和仇晓的搭档——汪涵。”当时台下的观众就不禁大笑起来，这个叫汪涵的人真有意思！

汪涵当时向观众介绍自己，选择的方式夸张、搞怪，充满娱乐意味，这是一个经过精心设计的成功的自我介绍。为自己设计一个有亮点的自我介绍，是很多名嘴屡试不爽的招数。我们普通人，也可根据自身条件进行精心设计，让别人对我们印象深刻。自我介绍不能只是简单地报出自己的姓名：“我姓 ×，叫 ××。”这样别人根本不会把你的姓名放在心上，又或者过了三五分钟，别人就把你的姓名忘得一干二净了，无法给别人留下深刻的第一印象。所以，精彩的自我介绍可以把自己的姓名介绍得有趣

味、有亮点一些。

一个人的姓名，往往含有丰富的文化积淀，或与名人名事有着字面或深层次的关联，或折射着凝重的史实，或反映时代的乐章，或寄寓双亲对子女的厚望。因此，自我介绍时在个人名字上做做文章能令人对你印象深刻，有时也会令人动情。

1．利用名人式

在新生见面会上，代玉自我介绍时说：“大家都很熟悉《红楼梦》里多愁善感的林黛玉吧，那么就请记住我，我叫代玉。”

再如王菲菲：“我叫王菲菲，比天后王菲多了一个‘菲’，也许我爸希望我比她唱歌唱得更好，所以多加一个‘菲’。”

利用和名人的名字相近的方式来介绍自己的名字，关键是选的名人应该是大家都知道的，否则收不到效果。

2．自嘲式

如刘美丽介绍自己时说：“不知道父母为何给我取美丽这个名字。我没有标准的身高，也没有苗条的身材，更没有漂亮的脸蛋，这大概是父母希望我虽然外表不美丽，但不要放弃对一切美丽事物的追求吧。”

自嘲，并不会招来别人的嘲笑，对方只会觉得你很幽默，也很大方。

3．自夸式

如李小华：“我叫李小华，木子李，大小的小，中华的华。都是几个简单的字，就如我本人，简简单单、快快乐乐。但简单不等于没有追求，相反，我是一个有理想并有执着追求的人，在追求的路上我快乐地生活着。”

自夸要有度，表现出你的积极乐观即可，切忌盲目自大，自吹自擂。

4．姓名来源式

如陈子健：“我还未出生，名字就早在我父亲的心目中了。因为他很喜欢这样一句古语‘天行健，君子以自强不息’，于是毫不犹豫地给我取了这个名字，同时希望我像君子一样自强不息。”

一个来源和故事，会让你的名字有一种形象感。

5. 望文生义式

与其他方法相比，望文生义法有更大的自由发挥余地，例如下面的几例：

夏琼——夏天的海南，风光无限。

杨帆——一帆风顺，扬帆远航。

皓波——银色的月光照在水波上。

秀惠——秀外慧中，并非虚有其表。

解释自己的名字时，不妨花点力气为大家构建出一幅有深意的画面。

6. 利用谐音式

如朱伟慧："我的名字读起来像'居委会'，正因为如此，大家尽可以把我当成居委会，有困难的时候来反映反映，本居委会力争为大家解决。"

这样的谐音不仅让大家觉得很有趣，而且能让大家觉得你很亲切、很随和，记不住你也不会记不住"居委会"。

7. 调换词序式

如周非："把'非洲'倒过来读就是我的名字——周非。"

如双胞胎姐妹可以这样介绍："她是妹妹杨倩一，我是姐姐杨一倩。"

通过颠倒顺序来介绍，往往会给对方一种新鲜感。

8. 摘引式

如任丽群："大家都知道'鹤立（丽）鸡群'这个成语，我是人（任），更希望出类拔萃，所以，我叫任丽群。"

借大家都熟悉的成语典故来解释自己的名字，不仅让人记忆深刻，还让人觉得你很有文化感呢！

通过以上这些方法，你可以学着把自己的名字介绍得很有内涵，让别人更容易记住。但是，自我介绍中光介绍名字显得有些单一，应该加入更多的信息，这样会使你的自我介绍更加出彩，给人留下更深刻的印象。你完全可以把自己的经历编成一个小小的故事，说给对方听，这样或许他们更有兴趣些。比如汪涵也在节目中这样介绍过自己：“我可不简单，我是‘江湖混血’，因为我爸妈一个是江苏人，一个是湖南人。我是‘江湖人’，还是‘常杀人’（长沙人）。”大家听到这样的介绍，一边笑得直不起腰，一边不禁佩服汪涵的聪明智慧。

总之，自我介绍是有很大发挥余地的，我们应该想方设法把它丰富起来，不要放过这样一个吸引人注意的机会。

言谈之间少突出自我

曾经有这样一位心理学家，做了一项有名的实验，就是选编了三个小团体，并且分派三人饰演专制型、放任型、民主型的三位领导人，然后对这三个团体进行意识调查。

结果，民主型领导人所带领的这个团体，表现了最强烈的同伴意识。而其中最有趣的，就是这个团体中的成员大都使用“我们”一词来说话。

经常听演讲的人，大概都有过这样的经验，就是演讲者说“我这么想”不如说“我们是否应该这样”更能让你觉得和对方的距离接近。因为“我们”这个字眼，也就是要表现“你也参与其中”的意思，所以会令对方产生一种参与意识，按照心理学的说法，这种情形是“卷入效果”。

小孩子在玩耍时，经常会说“这是我的东西”或“我要这样做”，这种说法是小孩子的自我显示欲直接表现所造成的。但有时在成人世界中，如果总是强调“我”这个个体，就无法给对方留下好印象，在人际关系方面也会受阻。

人心是很微妙的，同样是与人交谈，但有的说话方式会令对方反感，而有的说话方式却会令对方不由自主地产生妥协之心。

我们在听别人说话时，对方说“我”“我认为……”带给我们的感受，将远不如他采用“我们……”这一说法，因为采用“我们”这种说法，可以让人产生团结意识。

所以，在开口说话时，我们要注意这样的细节，多说“我们”，用“我们”来做主语，因为善用“我们”来制造彼此间的共同意识，对促进我们的人际关系将会有很大的帮助。

亨利·福特二世描述令人厌烦的行为时就说：“一个满嘴‘我’的人，一个独占‘我’字、随时随地说‘我’的人，是一个不受欢迎的人。”

在人际交往中，“我”字讲得太多并过分强调，会给人突出自我、标

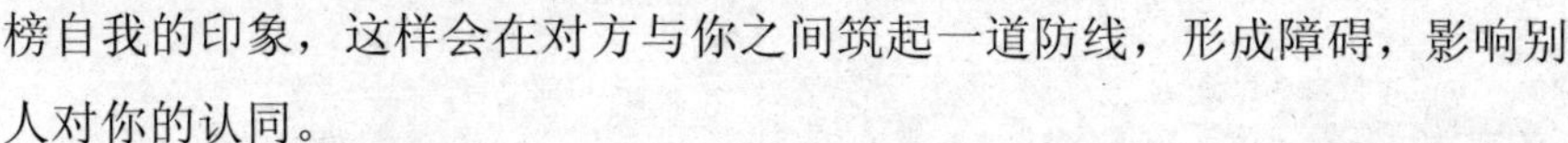

榜自我的印象，这样会在对方与你之间筑起一道防线，形成障碍，影响别人对你的认同。

因此，会说话的人，在语言传播中，总会避开“我”字，而用“我们”开头。下面的几点建议可供借鉴：

1. 尽量用“我们”代替“我”

例如“我建议，今天下午……”可以改成“今天下午，我们……好吗？”

2. 说话时应用“我们”开头

在员工大会上，你想说：“我最近做过一项调查，我发现40%的员工对公司有不满的情绪，我认为这些不满情绪……”如果你将上面这段话中的三个“我”字转化成“我们”，效果就会大不一样。说“我”有时只能代表你一个人，而说“我们”代表的则是公司，代表的是大家，员工们自然容易接受。

3. 非得用“我”字时，用平缓的语调淡化“我”给人的感受

不可避免地要用“我”字时，你要做到语气平淡，既不把“我”，读成重音，也不把语音拖长。同时，目光不要逼人，表情不要眉飞色舞，神态不要得意洋洋，你要把表述的重点放在事件的客观叙述上，不要突出做事的“我”，以免使听的人觉得你自认为高人一等，觉得你在吹嘘自己。

有智慧的自贬，赚足吆喝声

与人交往的时候，你最担心的是什么呢？是不是最怕被别人讽刺、贬低从而失了面子呢？你敢不敢当众自嘲、自贬呢？如果你从未如此尝试过，那么有没有想过到底是因为自己的气量不够，还是因为怕给人落下笑柄呢？其实，无伤大雅地贬低自己，非但不会令自己颜面受损，反而能更好地赚取别人的喝彩呢！

就拿能说会道的汪涵来说，他可谓是一个敢明贬自己的人。有次李宇春来上他的节目，热情的歌迷送来一大把鲜花，春春打算唱歌于是想把手里的花先放到地上，这时刚好汪涵在她身旁，于是说道："没关系，就把花插我身上吧！"台下先是笑声迭起，紧接着就是一片叫好的掌声。

汪涵的这一句话，不用多解释大家自然都能明白他在说什么。相信此话一出，所有人无不钦佩他的幽默机智，而绝不会有人真的认为他是一坨××吧。可见，自我贬低做得适时到位，是可以为自己迎来掌声的。

无独有偶，在上个世纪90年代的某年春节联欢晚会上，台湾的著名节目主持人凌峰也说过一段类似的话。他是这么说的："在下凌峰，我和文章不一样，虽然我们都得过'金钟'奖和最佳男歌星称号，但我是以长得难看而出名的……一般来说，女观众对我的印象不太良好……她们认为我是人比黄花瘦，脸皮比炭球黑。"这样一段看似自我贬抑的话，自己非但不会真的被贬，还能让人感受到说话者的坦率幽默、机智随和。在人多的情况下，用这种办法讲话，往往能博得听话者的掌声，使人松弛下来心情欢快，同时也能拉近彼此间的距离，令人对你豁达的胸怀和敢于自贬的勇气钦佩不已，从而大大提升了你在他人心目中的形象。

不过，这种贬抑要讲究现场环境、气氛以及时机，倘若话说得不合时宜，就容易产生反效果。而且，想活用这样的方式，还必须要有灵活的头脑，以保证说出的话不会伤到自己的尊严，否则便容易落得个哗众取宠的名声，有如跳梁小丑，实在是得不偿失。再有，这一类的话不适合经常说，偶尔讲一两句可以调节气氛彰显才智，常常挂在嘴边，就很容易令别人以为你是个可以随意贬低、嘲讽的人了。

与朋友在一起，相互贬低、嘲讽、玩笑倒无妨，倘若在公众场合或是与一些不相熟的人交谈时，自我贬抑就要更加小心。毕竟你不了解周围的人，擅拿别人当话柄来搞气氛，不留神就会让自己陷入尴尬。因此要巧妙地自我贬抑，在不失面子的前提下，赚足周围人的吆喝声，令人无不佩服你的机智幽默以及敢于自我讽刺的勇气。

嘴上留情，脚下得路

在社会场合，每个人都会格外注意塑造自己的社交形象，都会比平时表现出更为强烈的虚荣心和自尊心。在这种心态的支配下，如果你没给他留面子，他就会产生比平时更为强烈的反感。每个人都有一道最后的心理防线，一旦我们不给他退路，让他下不了台，他只好使出最后的一招——自卫。遇事待人，应谨记一条原则：别让人下不了台阶。

如果你能为陷入尴尬境地的对方提供一个恰当的台阶，使他免丢面子，那么你不仅能获得对方的好感，而且也能为自己树立良好的社交形象。相反，如果对方因下不了台而出了丑，那他很可能会记恨你一辈子。

熟悉《快乐大本营》的朋友都知道，节目中经常贯穿着各种各样的玩笑，某期节目请来了嘉宾林宥嘉，节目组也照旧开起了嘉宾的玩笑。

林宥嘉是从台湾的选秀节目《星光大道》中走出来的歌手，被人们称为“迷幻王子”，深得粉丝喜爱。

节目组了解到林宥嘉喜欢美食这一特点后，特意给他安排了一顿大餐，还专门设置了一些机关，秘密摄制林宥嘉吃饭的整个过程。

节目现场播放了这段视频，大家看完这段VCR后，哈哈大笑，五个主持人开始和林宥嘉开玩笑。

何炅：“你们不知道那个拔丝有多烫，那个拔丝西瓜，西瓜本来就有很多水分，所以它在里面是特别烫的，我吃了四口都没有咬下去，因为太烫了，他（林宥嘉）整个就放到嘴里。”听完何炅的话，现场观众再次大笑起来，林宥嘉也笑着说：“对，太烫。”不过，为了避免尴尬，何炅接着说了一句话，给林宥嘉一个台阶下：“但是，我觉得，可以吃是很幸福的事。”于是，把话题转到了明星们都不能吃饱这件事上，感叹他们为工作所做的牺牲。

林宥嘉作为偶像明星，他不良的吃相被大家知道始终有点有失颜面，所以何炅赶紧给他一个台阶下，再顺便转移话题，解除了尴尬。如果你也能像何炅一样，随时关注别人的感受，在适当的时候给别人台阶下，帮助他人远离尴尬，那么，你也会成为一个像何炅一样被大家喜欢的人。

每个人都难免因一时糊涂做一些不适当、错误的事。遇到这种情况，一定要尽量避免触及对方所避讳的敏感区，避免使对方当众出丑。必要的时候，可委婉地暗示出对方的错处，但不可过分，做到点到为止，决不能伤了对方的面子。给人面子，就是给自己面子，可以说是一种“双赢”的皆大欢喜。给人留面子，既能显出你的涵养，也能赢得别人的友情，这样的好事，何乐而不为呢？

安娜·玛桑小姐在一家食品包装公司当市场调查员，她刚接下第一份差事——为一项新产品做市场调查。她说道：“当结果出来的时候，我几乎崩溃，由于计划工作的一系列错误，整个结果当然完全错误，必须从头再来。

“当他们要求我做报告的时候，我吓得发抖。我尽量使自己不致哭出来，免得又惹得大家嘲笑，因为太过于情绪化了。我简短地说明了一下情形，并表示要重新改正过来，以便在下次会议时提出。坐下后，我等待老板大发雷霆。

“出乎意料的是，老板先肯定了我的工作，并表示新计划难免都会有错。他相信新的调查一定正确无误，会对公司有很大助益。他在众人面前肯定我，相信我已尽了力，并说我缺少的是经验，而非能力。

“我挺直胸膛离开会场，并下定决心不会再让这种情形发生第二次。”

相信安娜在心中一定对这位老板特别感激，感激他给自己台阶下，给她留了颜面，并给了她继续努力的力量。可见，给别人台阶虽然只是一件小事，但是却能在对方心中留下深刻的感受和影响。

给人台阶，就是给人面子。爱面子是人的本性，在社会交往活动中，很多人只知道保护自己的面子，却忽略了对他人面子的维护，这样做不仅伤害了别人的面子，也伤害了自己和他人的关系，让别人难过，自己也会难过。所以我们要时时提醒自己，时时维护他人的面子，这样才可以缓解很多不愉快的场面。

“面子”问题说白了就是一个人的“尊严”问题。给人留点面子，是尊重和重视对方的表现。即使是一些无关紧要的事，你也要给人面子。

就像法国哲学家、文学家伏尔泰所言：“自尊心是一个膨胀的气球，戳上一针就会发出大风暴来。”我们避免社交风暴的最佳策略之一，就是给别人台阶下，帮别人看住面子。每给别人一次面子，就可能增加一个朋友；每驳别人一次面子，就可能多了一个敌人。

闲聊时尽量别谈消极话题

人总会遇到这样那样的麻烦，有的是因为事业上的挫折，有的是由于生活上的不顺，有的是自己构想出来的根本不存在的烦恼。面对这些烦恼，我们的心情可能会受到影响。有的人会将之表达出来，四处跟人言说，寻找安慰。有的人则是放在心底，谁也不告诉，一点点自己舔舐着伤口，让它慢慢愈合。而有的人则非常豁达，将之当成是自己必须要经历的磨难，笑着去面对。

第一种人，是祥林嫂式的，喋喋不休地向别人表达不顺，期望的是同情，但收获的则是一个唠叨的名声和一大堆怪异的眼神。第二种则是沉默式的，不表达，总是一个人沉闷地待着，即使身处人群中，也没有半句言语，丝毫没有存在感。人们会觉得这样的人太过压抑，从而不愿与之接近。只有最后一种，才是可取的，他们会传达一种积极向上的人生观，会给别人带来快乐和正能量。这样的人，自然能够获得更多人的认可。

艾琳决定和她的朋友苏珊断绝来往了，因为她实在受不了苏珊的毛病。

“我和苏珊经常在一起闲谈，本来女人之间闲谈聊天也没什么，可是苏珊总喜欢在我面前说别人的是非，而且还都是一些鸡毛蒜皮的小事，令人难以忍受。

“有一次，她在我面前大谈婚姻问题，还提到现在的女孩喜欢和比自己大很多的男人恋爱，她觉得那样的婚姻没有互相理解的基础，有隔代的差距，是不会幸福的。虽然我知道苏珊的话并没有针对任何人，但是当时我妹妹就在和比她大很多的男人恋爱，这苏珊也知道，她的话让我非常不舒服。

“所以我不打算和她继续做朋友了，与其把时间浪费在听她闲谈别人的是非上，不如和别的朋友在一起聊一些有意义的话题呢。”

闲谈是一种人际交往的重要手段，它不仅能拉近彼此的距离，增进双方的感情，还能让我们从闲谈中了解一个人的思想和修养。即使是非正式场合下的闲谈，你的言行也能够透露出你的品德。所以，在跟别人闲谈时，我们一定要注意不要随意地评价某人，即使这个人并不在现场。案例中的苏珊之所以不受欢迎，就是犯了这样的一个毛病。

与人闲聊，我们都希望听到一些经历和智慧，希望自己获得的是积极快乐，是一些正能量，别人也是如此，所以我们不要总是去抱怨，更不要对着别人抱怨命运对自己的不公。这世上，除了我们最亲、最近的人之外，很少有人会对我们曾经遭遇过什么感兴趣。人们听我们讲话，如果我们传递出的是一种失落感，他们就会厌烦，如果我们传递出的是一种正能量，他们则会觉得开心。

让人开心总是比让人烦更好。因此，闲谈的过程中，要避免说一些容易让大家感到消极的、不愿意谈及的话题，更不要把自己或别人的隐私当作公共话题来议论。要在自己的言说中加一些正能量，让它给人带来更多的温暖，才是我们应该追求的方向。

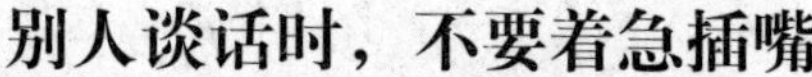

别人谈话时，不要着急插嘴

相信大家都有同样的体会，讲话时最讨厌的就是别人抢话或打断我们的讲话。打断别人的讲话，在打断别人的思路的同时，也让对方觉得你并不尊重他。事实上，我们常常听到讲话者这样抱怨：“你让我把话说完，好不好？”

不懂礼貌的人总是在别人津津有味地谈着某件事情的时候，冷不防地半路杀进来，让别人猝不及防不得不偃旗息鼓。这样的人不会预先告诉你，他要插话了，并且他不管你说的是什么，都会急着将话题转移到他自己感兴趣的方面去，有时还会把你的结论代为说出，以此得意洋洋地炫耀自己的聪明。无论是哪种情况，都会让说话的人对这样的人顿生厌恶之感，因为随便抢话、打断别人说话的人根本就不知道体谅别人、尊重别人。

培根曾说：“打断别人，乱插话的人，甚至比发言冗长者更令人生厌。”打断别人说话是一种非常无礼的行为。所以我们要做到不随便打断别人的谈话。别插嘴，你有说话的权利，对方也有说话的权利，别轻易打断别人，打断别人是没有教养的表现。

《康熙来了》他们伴君如伴虎的日子那期节目中，请了三组嘉宾。

杨淇：“你们两个人是窒息式和毁灭式。”（插话）

罗霈颖：“各位观众朋友，你们看到没有，你们看到谁是君谁是虎了吧，从头录影不该插话的时候插话，插得又不好笑，啰里八嗦的，你看我怎么忍受她。”

蔡康永：“你爆发了。”

罗霈颖：“不是，因为她有的时候要插话。”

蔡康永：“罗妹妹。我发现了。”

罗霈颖：“我就一直这样子（提醒杨淇），叫她不要插，她拼命插、拼命插，你说我这时候不该讲她吗？”

蔡康永：“所以她刚刚插话你都有拍她，她有没有接受你的提醒？”

罗霈颖：“没有，没有。现在节目上，人家是主角，你（杨淇）急什么？你能叫我不生气吗？你要给人家机会嘛！”

蔡康永：“我同意，罗妹妹我同意你，我觉得你带她（杨淇）出来没有面子。她插话的时候，她也不是为了替你找话讲啊，她就是自己要讲耶。”

罗霈颖：“对，她就是见到缝就要插针啊。”

蔡康永：“她根本没有在伴你啊，她在活她自己的日子啊。”

杨淇在节目中无数次插嘴抢话，打断别人，最终引得在场的嘉宾和主持人的不满和抗议。可见，要想在与人交往时获得别人的喜欢与接纳，就必须要克服随便打断别人说话的陋习，在别人说话时千万不要插嘴，并做到：不要用不相关的话题打断别人；不要用无意义的评论打乱别人；不要抢着替别人；不要急于帮助别人讲完事情；不要为争论鸡毛蒜皮的事情而打断别人。

许多人过分相信自己的理解和判断能力，往往不等别人把话说完就中途插嘴，这种急躁的态度，不仅会弄错问话意图，还有失礼貌。

老张在镇上盖了一套三层的楼房，当该房子的第三层刚封顶时，几个朋友在他家吃饭。席间，突然来了一位专门安装铝合金门窗的个体户，与老张一见面就递了张名片。其实这位个体户的店铺门面也在本镇，虽平时和老张见过几次面，但因没有业务往来，他们并不认识。后经与那个体户交谈，他们彼此觉得非常熟悉。轮到老张做决定是否将铝合金门窗的业务让这位个体户做时。老张说：“虽然我们以前不认识，但通过我们刚才的一席话，得知你对铝合金门窗安装的经验丰富，假如我房子的门窗让你来安装，我相信你能安装，也相信你能做得很好。但是你今天来之前，我们厂里一名下岗钳工已向我提起过，说他下岗了，门窗安装的事让他来做……”

老张的话还未说完，那个体户便插话了：“你是说那东跑西走的小李吧？他最近是给几家安装了门窗，但他那‘小米加步枪’式的做法怎能与我比？”

这话不说还好，一说便让老张顿时改变了主意，接着说：“不错，他尽管是手工作业，没有你那先进的设备，但他目前已下岗在家，资金不够丰厚，只能这样慢慢完善，出于同事之间的交情，我不能不让他做！”

就这样，那个体户只得快快地离开了。

之后，老张说：“那个体户没听懂我的意思，把我的话给打断了。本来，我是暗示他，做铝合金门窗的人很多，不止他一个人上门来请求安装。我已打听到了他做门窗已多年，安装熟练，且很美观，但他的报价很高，我只是想杀杀他的价格，可他的一番言说甚至攻击了我同事小李的人品，我宁愿找别人，也不要让他来安装我的门窗。”

这位个体户“偷鸡不成蚀把米”，想要抢着说同行的坏话以争取老张的信任，却因为自己的抢话而损失了一笔生意，还给自己的人格带来了污点。打断他人的言谈，不仅是不礼貌的行为，而且往往会造成对别人真实意图的误解。所以，但凡一个精明而有教养的人，在与人交谈时，即使对方长篇大论地说个不休，也绝不会抢话插嘴。

有的人在别人说话时没有听懂某句话，就立即问道：“很抱歉，你刚才说什么？”这种态度，对于说话者来说也是有失礼节的事。所以说，即使你真的没听懂，或听漏了一两句，也千万别在对方说话途中突然提出问题，必须等到他把话说完，再提出：“很抱歉！刚才中间有一两句你说的是……吗？”如果你是在对方谈话中打断，问：“等等，你刚才这句话能不能再重复一遍？”这样，会使对方有一种受到命令或指示的感觉，显然，对你的印象就没那么好了。

不抢话、不打断别人，不仅仅体现在你与对方的交谈中，当别人与他人交谈时，你也不能随意地去打断。

在生活中，我们时常可以看到朋友正和另外一个不认识的人聊得起劲，此时，每个人都存有加入进去的想法。你也只不过是想听听他们到底在讲些什么罢了。但是，一方面你不知道他们的话题是什么，另一方面你突然加入，可能会令他们觉得不自然，他们也许会因此觉得你很没礼貌。碰到这种情况，你最好等他们说完再过去找你的朋友，即使真有事必须当时告诉他，也可以给他一些暗示，让他找机会和你讲话。

同时，你还应注意一点，不要静悄悄地站在他们身旁，好像在偷听一样。你要尽可能找个适当的机会，礼貌地说："对不起，我可以加入你们吗？"或者大方地、客气地打招呼，叫你的朋友介绍一下，就能很自然地加入进去。

总之，无论在你与别人的交谈中，还是在他人的交谈中，记住一句话，交谈不是有奖问答，别急着抢答！千万不要打断他们的谈话，以免出现尴尬的气氛。

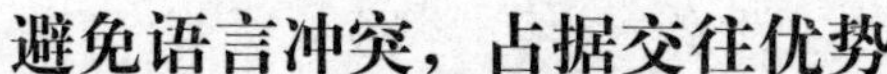

避免语言冲突，占据交往优势

人际交往中，总是会有一些意见不合的情况发生，这种时候经常会出现语言上的冲突。冲突的表现形式是多种多样的，比如说反问、责问、嘲骂、谩骂等，有时候还会表现在一些体态语中，比如说皱眉头、不屑一顾等。

人际交往中的语言冲突很容易造成一些尴尬的局面，甚至会产生不可预想的后果。一个会说话的人要懂得化解语言冲突，这样才能在与人交往的过程中一直占据优势，避免不必要的损失。

有这样一件事情：有一日，亨利先生出外散步，偶然听见他的下属杰克正在对人埋怨他们公司的待遇太苛刻，而他的工作时间是那样的长，上司又不肯提拔他。言辞激烈间，亨利先生听得怒火上升，几乎想立刻走过去叫他滚开。但是刹那间他打消了自己的念头，他转身回到办公室冷静地进行了一番思考。第二天，他问杰克："杰克，近来你可是受了什么委屈吗？"

杰克看见上司突然问自己这句话，于是一时惊惶失措，忙说："没有什么，先生，我觉得很好！"

"昨天你不是在说你的工作太多，公司待你不好吗？"亨利先生仍很和悦地说。

听完亨利先生的话，杰克承认了自己的失言，并且说他感觉不快的最大原因，是由于昨天黄昏时，在泥地中换了一个汽车轮胎的缘故。问题就这样很容易的解决了。

当你在与人交往时受到了别人的误解时，不要冲动地与其争辩，最好先让自己冷静下来，先想办法解除自己的烦恼，再想办法解除误会。

古希腊哲学家苏格拉底的妻子是个有名的悍妇，经常对苏格拉底破口大骂，有时甚至做出一些常人无法接受的事情。有一次妻子大发雷霆，当头泼了苏格拉底一盆脏水。苏格拉底没有生气，还诙谐地说：“雷鸣之后免不了一场大雨。”别人嘲笑他说：“你不是最有智慧的哲学家吗？怎么连老婆都挑不好？”他回答：“善于驯马的人宁肯挑选悍马、烈马作为自己的训练对象，若能控制悍马、烈马，其他的马也就不在话下了。你们想，如果我能忍受她，还有什么人不能忍受的呢？”

避免言语冲撞不能靠谩骂、翻白眼、斗殴等消极的方式，否则，不但不能避免冲突发生，反而会使冲突加剧，使势态更恶劣化。对待那些生活中无伤大雅、争论起来也无甚意义的冲突，不妨像苏格拉底这样诙谐对待，一笑了之。

两方相争，必有一伤，也可能两败俱伤，所以在与别人交往的过程中，必须注意避免语言上的冲突，以免让情形不可收拾。

谈别人感兴趣的事情，你的话才会成功

许多人，他们之所以被人认为谈话拙笨，就是因为他们只喜欢谈他们自己感兴趣的事情。而这些事情，也许别人都感觉非常讨厌。所以你在与人谈话时，可以谈论他人所感兴趣的事情，例如关于他的成就、他擅长的运动等，这就会使人家产生一种亲切的感受。即使你的话不多，你的谈话也会是成功的。

小李是位作者，他曾经与某出版社的主编多次进行出书条件的交涉，虽然试着想找出双方都能满意的条件，但是总觉得差了点什么。

大概在交涉了七八次后的某一天，由于长时间的商谈，双方都感到了疲倦，于是换了场所，到附近的一家咖啡馆内。

主编是一个爱好打保龄球的人，而小李也喜欢这个运动，所以坐下来时，小李先开口说道："上个礼拜天，我到保龄球馆打球，可是手风很不顺，没什么战绩。"

话一说完，他便观察对方的反应，果然不出所料，主编兴致勃勃地问："怎么？你也喜欢打保龄球吗？"

"我虽然不擅长，却很热爱这种休闲活动，常常去打。"

"哈哈！其实我也蛮喜欢这玩意儿，几天不摸球就手痒痒。"

"战绩如何？"

"最高分是258。"

"啊！这已达到专业水准了。"

一谈到感兴趣的话题，主编的情绪就越来越高，不知不觉中就与小李约定下次一同去打球，还说了一句很关键的话："这个约定和出版的条件无关，完全是两码事。"但几天后，双方便签订了合同，而且大致是按照小李所希望的条件订立的。

可见，人们对于自己的小事，比任何重大的事都要关心。他听你谈有关他的得意事件，比听你谈历史上的一切伟大人物的事迹更为高兴。

所以，如果你想让别人对你产生兴趣，那就请记住与人沟通的秘诀：谈论别人感兴趣的话题。

不在语言上彰显自己的优势

在社交场合，无论你的知识多么丰富，也不要借此来压倒别人，使人难堪。在别人愿意听你的意见的时候，你可以把你所知道的讲出来，给别人做参考。同时，还要声明你所知道的是极有限的，如果有错误，希望大家不要客气千万加以指正。

听到自己不以为然的意见时，应不应该反驳呢？这要分以下几种情形：

第一，如果在座的人，大家都很熟悉，而且经常喜欢在一起讨论问题，那么，就应该根据自己所知，讲出自己认为正确的道理。将事实照实讲出来，给大家做一个参考。否则就失掉了互相讨论的意义，而且也犯了对朋友不忠实的毛病，会被人家称作“滑头”。不过在态度上应该谦虚，不要因为自己知识丰富，就显示出自命不凡、自高自大的神气来。

第二，如果在座的人，大家都是初识，你对他们的脾气、身世、性格、作风都不大清楚，那么对于那些你不认同的意见就最好不要反驳，也不必随声附和，冒充知音。如果别人问到你时，你可以推说：“这几点，我还没有好好想过。”你也可以这样说：“某人的话，也有他的道理，不过，各人看法不同，仁者见仁，智者见智，不能一概而论。”在比较陌生的场合，这不能算作“滑头”，但如果对于自己明明不认同的意见，也大点其头，大加赞许，那才是真的“滑头”，虽然能够骗得那个发表意见的人的一时高兴，但却会被那些冷眼旁观的人所不齿，失掉他人对你的信任。

第三，如果有人在大庭广众之下，发表荒谬至极的意见，或散布对大家有害的谣言，那么就应该提出反驳。但是，在这种场合中，就多少需要一点说话的技巧，一方面要一针见血地揭露出对方的错误，一方面又要轻松幽默地争取大家的认同。切忌感情用事、口齿不清，不但把气氛弄得太过于紧张，而且也不能让人明白你的意见。总之这种时候，就需要考虑得十分周到。

第四，倘若自己熟悉的朋友，在社交场合说了一些不得体的话，或是发表了很不正确的意见，那么，就要设法替他“解围”。可以想出一些表面上和他不冲突的话，实际上是在替他补充，叫别人觉得他的意见并非完全错，只是有点偏差，或是他的本意原非如此，只是措辞上有一点不妥而已。但事后，还是应当单独地向他解释，指出他的错误。

总之，大家见了面，总不免要说话，也就不免会听到自己不认同、不满意的话。对这些话，要采取什么态度，应该根据当时当地的情形，好好考虑。

当你想说服某人时，即使你在心里清楚自己的优势，也不能过度地在语言上彰显。要先让对方开口说话，当对方说话时，就会不可避免地暴露出自己的弱点，这时你就可以用这些弱点攻击他的谬误，但是否要这样做应该视情况而定，不可一概而论。

PSYCHOLOGY OF

SPEECH

第十一章

吃中谈，欲成大事先聊好饭桌小事

聊天——可以为工作吃，但别为工作谈

想生存下去，想混得好，仅仅局限于办公室那“一亩三分地”是远远不够的，同事生日，部门聚餐，领导宴请，商务应酬都是职场人不可避免的，那么如何在饭桌上增进同事友谊、博得领导赏识、获得客户认可呢？这就要看你说话的本事了。

中国人都知道，只顾低头吃喝是不行的，还得“边吃边谈”“边谈边吃”，吃要吃得轻松，谈更要谈得愉快。高层饭局需要谈话，朋友聚会需要谈话，连家庭宴请都需要谈话。那么，成功的饭局应该聊什么？

由于宴请人的动机和被邀请人的身份各有不同，不同的饭局聊的话题也不一样，但都有一个共同的前奏，那就是寒暄。两国领导人就餐需要寒暄，生意双方需要寒暄，上下级之间需要寒暄，请女孩吃饭也需要寒暄。按宴会的正式程度和主客间关系的不同，寒暄的具体辞令也不同。常见的寒暄方式有“哎哟，您到了，外面冷吧，快请进”“您能大驾光临，我实属三生有幸”“您真是太客气了，能够来参加您的宴会是我的荣幸”如此等等，不一而足。

不论餐桌上的人是哪路神仙，可以用来作为通用饭局话题的就是天气、体育项目、热点新闻类的话题，这些看似和吃饭不着边的话题却因为没有功利性而成为人们饭局中的气氛调和剂。

既然是围着饭桌，聪明的人总是心照不宣地聊聊桌上的菜品和酒品，再由此推广到各地的菜品和酒水，再谈到各地的风俗习惯，天南海北都在吃饭人的口中。

成功的饭局聊的东西基本上不会是赤裸裸的生意，因为人们明白长城不是一天建成的，你也不可能通过一顿饭就搞定一个客户，但是通过一顿饭的谈话能够吃出友谊，谈出交情，进而为日后的进一步发展铺路。虽然不能通过一顿饭就追到心爱的女生，但是男士明白，一顿饭能聊出对方的

情感火花和对自己的兴趣。所以，人们在饭局上，应该格外注意不要急功近利，你的谈话一定要有弹性，不要做硬性推销。

虽然谁都知道很多饭就是为工作才吃的，却还是要避免谈工作。吃饭就是吃饭，喝酒就是喝酒，聊天就是聊天，一定要吃得开心，聊得开心。

如果你想让领导帮着分套房，你可以陈述一下自己可怜巴巴的境遇，以博得他的同情。如果你想让对方提拔你，你不妨谈一些自己的优势，谈谈你可以让对方利用的地方，以求让对方“眼前一亮”，衡量之后很可能就把你“用”了。

如果你在和朋友吃饭，那么你们大可以聊一些陈年往事，引起大家的共鸣，让朋友在脑海中加深“我们是旧友”的印象；如果你和心爱的女孩吃饭，大可以聊一些自己的“糗事”，让她觉得你是一个有点可爱又真诚的人。

有些人认为吃饭是在浪费彼此的时间，事实上，我们在饭局上花的时间从来不会白费。就算是不和别人一起进餐，难道你自己的一天三顿饭就不需要时间吗？相反，能够在吃饭的时间与人增进感情，练达交情，在需要帮助的时候就不会“人到用时方恨少”。而人脉的积累方法也很简单，就是把需要的人物请过来，然后大家一起吃顿饭。

好话要说在饭菜前头

凭着一技之长胜任一项工作，那是个人实力。但是，在生活中仅仅有实力却不能解决所有问题。你必须会说，把事情的前因后果很好地表达出来，让别人知道，让别人了解，才会成就自己的事情。

一般而言，在饭桌上，好饭菜通常在后头，但是好话要在前头说。心理学上有一个规律，即在和陌生人交往的过程中，他给我们的早期印象往往比较深刻。这一规律又被称为“首因效应”。与他人接触时，最先反映的信息对形成印象有主要作用。所以，我们要特别注意要给别人留下良好的第一印象，要争取在第一次亮相时就展现出最光彩的自己。要做到这点，不仅形象礼仪要好，更要说好第一句话。

要学会主动与对方打招呼，注意语调适中，节奏平缓。

对于初次见面的人来说，你先开口向对方打招呼，就等于你将对方置于一个较高的位置，能让对方感到愉悦，而语气节奏上的平稳舒适会让对方觉得你是一个可靠沉稳的人。如果在这个过程中你能用自信诚实的目光正视对方的眼睛，会给对方留下更为深刻的印象。

陌生人并不可怕，可怕的是你不知如何与他交谈。想做一个吃得开、混得好的“饭局高手”，想要迅速消除对方的陌生感而更深一步地与人交流，第一句话该怎么说呢？

苏联女英雄卓越娅就是用真诚和热情的第一句话消除了苏联儿童文学作家盖达尔的戒备，而盖达尔也用一句幽默的回话与卓越娅拉近了关系，两个人成为了好朋友。雪过天晴的日子，作家盖达尔兴致很高地在公园里堆雪人，随着一阵脚步声的临近，一位年轻的女孩向他走来。女孩友好又不失礼节地向作家伸出右手并对他说：“我认识您，您是作家盖达尔，我读过您的全部著作。”作家盖达尔听了微笑着对女孩说：“我也认识你。

你可能是七年级或十年级的学生。我也读过你全部的书：代数、物理、化学。”在真诚愉悦的气氛中，两个人相识了，并结下了伟大而深厚的友谊。

如果第一句话是以赞扬为基调，那千万要真诚，只有出自肺腑的赞美才能激起他人的自豪和信任感。如果你遇到一个跑龙套的小演员，第一句话就说：“哎呀，你的戏真是好极了，我真是着迷啊，简直是比周润发的演技强多了。”可能对方会告诉你“我演的只是路人甲，连死都只是露背影”，那岂不是让双方都尴尬。如果碰到一个稍有自知之明的演员，他一定会觉得“这人真假，我要是有发哥演的好，我还能混到和你吃饭的份吗”。

除了真诚，我们与对方说的第一句话还要让人听得懂，听得进，能入脑入耳。因为让对方接受才能引起共鸣。如果第一句话说得不妥当，那完全有可能“满盘皆输”。你在刚认识一个人的时候，如果故作聪明把话讲得太高雅，一开口就“鄙人、阁下”的，没准会让对方听得云里雾里。

第一句话就像掘井选定的第一炮，只有打准了，打好了，才会有源源不断的话题，双方才会有长谈，深谈才有可能进行，友谊才会发展。陌生感没了，交情有了，还有什么会没有呢？在参加商务宴请时，为了不太早就出局，不妨先准备几个版本切入人心的“第一句话”，以备变通之用。

多用美词调节宴会气氛

常言道："酒逢知己千杯少。"在一起喝酒，酒杯对酒杯，心口对心口，感情自然挡也挡不住，关系也会随着酒的绵香而逐渐拉近。尤其是生意人早已习惯利用饭桌来谈生意，所谓"成事在酒桌"。

其实，喝酒只是一种形式，真正起作用的还是推杯换盏间的溢美之词，如果你在喝酒的时候总能做到举杯词美，能够把酒友变为朋友，又何谈生意做不成？

在一次商务酒会上，正式祝酒之后，主客双方谈起了酒和诗词。主人一方说道："人们都说李清照的《如梦令》'浓睡不消残酒''应是绿肥红瘦'写得传神。现在有人为饮酒填了曲新《如梦令》，'昨夜饮酒过度，头晕不知归路，迷乱中错步，误入树林深处，呕吐，呕吐，惊起夜鸟无数。'（宾主大笑不已）我们还可以把《如梦令》改为'今日饮酒适度，友情金杯交互。携手发财相助，合作中致富，协调奋进同路，倾注，倾注，融进感情无数'。让我们为双方合作'融进感情无数'，'合作中致富'，干杯！"

虽然是建立在利益基础上的劝酒，但是劝酒词不乏轻松与幽默，这都是祝酒词带来的效果。商务宴请都能如此，那么，友人相聚、家人小酌等场合下的劝酒就更加轻松了。你完全可以采用"引经据典式"的祝词，使酒的作用得到充分发挥，如此不仅可以活跃现场的气氛，还能加深彼此间的感情。

在一次老朋友的聚会上，几番祝酒之后，众人为了安慰一位客人，聊起诸如"人生难免有失误，有时错误也能让我们美丽"的话题。其中一位客人借题发挥说道："活着是美丽的，生活是美丽的，必要时犯错误也不失为一种美丽……第一只猿猴‘错误’地下地直立行走，所以今天的人们才不用趴着敲电脑；尼克松总统错误地偏离美国的既定政策，于是叩开了中美关系的大门。从古至今，因为意外错误推进社会前进的例子很多，但这不是一般的每日不断重复的愚蠢错误，而是充满理性光辉的错误，这类错误每发生一次，就是又一次创新的契机。所以我们每一个人不能追求不犯错误，那样就像一辈子不离开地面一样，虽然能躲开溺水的危险，但也无法得到另一类生活的风采和快乐，也无法享受七彩人生。所以，我认为犯错误在必要时也是一种美丽。让我们为曾经拥有过的错误经历所带来的丰富生活历程，干杯！”

上述案例中的人采用理性的思维，加上充盈且通俗的祝词，不仅使宾主纷纷举杯，达到了敬酒的目的，而且还给足了失意者面子，使其重新建立起信心，走向成功的彼岸。

综上所述，举杯词美可以加深宾主双方的了解，增进彼此的友谊，促进团结。可以说，正因为有恰如其分的美词的点缀，美酒才能发挥出畅心抒怀、联络感情、激发壮志、欢乐无边的特殊功效，才能真正成为喜宴的纽带、友谊的桥梁、商战的法宝。因此，万事抒怀须纵酒，宴会成功靠美词。美词是控制宴会气氛、掌握宴会节奏、实现宴会目的、保证宴会效果的关键。

多用美词调节宴会的气氛，才能达到宾主尽欢的目的，并最终轻松成事。

由浅入深，由话题带动交往

千变万化的饭局中，如果想一口吃成个胖子，就很有可能会被噎死。聪明的人早早就想好了对策，由话题带动交往“由浅入深”也就成了饭局中的潜规则。

饭局话题第一步：寒暄。

客人刚到饭店，聪明的宴请主人总是会热情相迎，安排包间内的工作人员将宾客的大衣和皮包等物挂放整齐，主人一面邀请客人入座，一面告诉服务员准备茶水和毛巾给客人；还没进入状态的客人则是忙着整理自己的衣着、形象，按着主人的安排就坐；而这时主客之间的话无非是一些“哎哟，王总，您到了啊”“今天外面很冷吧”“路上堵车吗”，客人的答法也很简单“嗯”“挺冷的”“不堵”“有点堵啊”，这就是双方心照不宣的第一轮过招。如果这时宴请的人劈头就说“哎呀，怎么拖了这么久还不签合同啊，还吃什么饭”，这就是很不识趣的举动。你在别人还没有开战时就火药味十足，很可能激起对方的反感，最终玉石俱焚。开弓没有回头箭，第一步很重要，千万不要贸然跃进。

饭局话题第二步：引人入局。

主与宾边等上菜边闲谈，饭局进入正题。然而这还仅仅是开场白阶段，作为被动的一方，宾客在这个阶段通常是静观其变，等着主人出招，而主人也要谨慎对待，不能操之过急。此时谈话的主题仍然不能过于正式和深奥，毕竟菜还没上，不能让人很有压力感，要以轻松为主。通常这个阶段的话题是“一直以来感谢您的帮助，今天终于有幸与您共同进餐”“听说王总您是个美食专家呀，今天一定要品品这家饭店的厨艺”，在简单的客套之后，主人还可以进行这样的引导“这家的菜系是正宗的粤菜，听说厨师是老板特意从广东挖到北方来的呢，我们今天一定得鉴定一下正宗的手艺”，这样大家就桌聊菜，谈一些和吃有关的话题，互动起来了，状态也就来了。

饭局话题第三步：饭中交流。

虽然已经是正式开始吃饭了，想要成大器，布局者还是要沉住气，毕竟这是在饭桌上，不同于在办公室，不用什么都一板一眼。请人吃饭，就得让人吃得自在，吃得轻松。在这个阶段，主人可以以席中表现得比较健谈的人为突破口，进而带动整桌客人的友好交流。另外，可以讨论一些大家都能涉及或了解的话题，比如，桌上的菜做得怎么样，李娜最近一次的发挥怎么样，报道又说哪个国家打仗了，最近又上映了什么大片，等等。谁都得识人间烟火，总有话题符合大家的兴趣，聊些和局中人利益相关不大的话题，大家继续心照不宣地等着最后的“战役”。

饭局话题第四步：点题收网。

眼看酒足饭饱，布局者不能再扭捏，该出手时就要出手，可以直接就事论事，该谈生意谈生意，该谈请求谈请求。如果你觉得火候已到，就可以直接敞开天窗说亮话，如“王总，您看这个单子咱们已经拖了这么久，现在我们财务也在催着我要借款了，各方面如果您没有意见的话，咱们就把合同签了吧，款也在最近打过来吧”。如果客户还是犹豫不决，则可以蜻蜓点水式地暗示对方保持联系，如“王总，过几天我再专门带合同去拜访您，到时咱们再好好谈谈”，如果你还想在事成之后做一次答谢以期长久合作，你可以说：“王总，事成之后我再请您去吃海鲜。”而被宴请者也会坦白他的态度。至此，一场饭局就告一段落了，再要有什么后续的，就只能在饭局中继续努力或者在下一场饭局中再战。

中国人在几千年以前就明白一个道理，即“千里之行，始于足下”。诗人屈原也用“路漫漫其修远兮，吾将上下而求索”告诉人们：凡事都要循序渐进。当然饭局办事也不例外。

激将的目的是说服而不是打架

在商务应酬中，我们会遇到各种各样的人，用俗语说就是“林子大了什么鸟都有”。有人吃软，我们可以打情感牌；有人吃硬，我们可以以理服人。对于那些“软硬不吃”的人，酒杯茶杯都不肯端起来的人，我们不妨特别对待，采用巧言激将法让对方就范。

鲁班替楚国制造云梯这种器械，制成后准备用它来攻打宋国。一场大战即将爆发。

当墨子知道这件事后，从鲁国出发，日夜兼程，到达楚国的都城郢都，去见鲁班。

墨子说：“北方有个人侮辱我，我想借您的力杀了他。”看到鲁班不高兴，墨子接着说：“请允许我奉送给你重金作为酬劳。”

鲁班生气地说道：“我依理不杀人。”

墨子站起身来，对鲁班行礼，说：“我就直说来意吧。听说您制造了云梯，准备用它攻打宋国。请问宋国有什么罪呢？楚国地大物博却人口稀少，如果发动战争，不就等于杀了本来就很少的楚国人民，还抢那么多多余的土地吗？这太不明智了。去攻打本没有罪的宋国，这不是仁爱的行为。明知这样做不智不仁却不劝阻，你这算不上是对国忠诚；去进谏却没有成功，你这算不上尽力。你遵守道义不杀少数人却杀多数人，这是不明事理呀。”

鲁班被墨子的激将法说得理屈词穷，只好把墨子引荐给楚王。

墨子拜见楚王，说：“有这么一个人，舍弃自己漂亮华丽的车子，却想去偷邻居的破车；放着自己的好衣裳不穿，却想去偷邻居的粗布衣服；自己有好饭好菜不吃，却想去偷吃邻居粗劣的食物。大王，您怎么看这个人呢？”

楚王说：“这个人一定是患有偷盗的毛病了。”

墨子说：“楚国有这么大的国土面积，而宋国只有巴掌大的地方，这就好像华丽的车子同破车子相比；楚国物产丰富天下无双，楚国人吃的都是珍贵的鱼肉，而宋国却资源贫瘠，这就好像好饭好菜和粗劣的食物相比；楚国处处是名树，而宋国的树都是小树，这就好像华美的衣服和粗布衣服相比。大王您却派人攻打宋国，这不就是个患偷盗病的人吗？”

楚王不服气地说：“虽然你说得对，不过鲁班给我制造云梯，我一定要攻下宋国。”于是，召见鲁班。

鲁班与墨子模拟双方战斗的情景，结果鲁班的攻城器械用完了，墨子的守卫方法还绰绰有余。输了的鲁班对墨子说：“我知道用什么方法来对付你了，但我不说。”

墨子回敬说：“我知道你用什么方法来对付我，但我不说。”

楚王很好奇，于是问墨子原因。

墨子说：“鲁班的意思，无非是想要杀死我。杀了我，宋国就可以被攻下。但是我的众多优秀弟子已经拿着我守城的器械，在宋国城墙上坐等楚国的军队进攻。即使你们杀了我，也没法杀光众多的宋国抵抗者。”

楚王无奈地说：“好吧。我不攻打宋国了。”

墨子先设下圈套，提出花钱雇用鲁班替他杀人，在惹恼了鲁班之后，又动之以情，晓之以理，陈述鲁班的行为就是赤裸裸的不忠不义，更是间接杀了自己国家的百姓。面见楚王时，墨子又设下圈套，让楚王承认对宋国的侵略行为就是舍大求小的偷盗行为。楚王明着把责任推给鲁班，实则是不甘心放弃攻打宋国。墨子又从各个角度批判了鲁班的行为，环环相扣，咄咄逼人，最终说服楚王与鲁班，免去了一场生灵涂炭。

在商务应酬中，如果遇到这么“不开面”的客户，也可以尝试巧言激将：“王总，我一个小后生都能喝，我就不相信您这久经沙场的人物不能喝，这样，我先干为敬，您看着办。”“王总，您看这都多久了，什么都谈妥了，咱这合同还没签下来，您公司的管理流程真是不敢恭维啊。”当然，激将的目的是为了说服而不是为了打架，激将一定要看好对象，激将不成，摸到老虎屁股就得不偿失了。

美酒佳肴，“大题小做”

千辛万苦把人请到了饭桌上，就是为了求人办事达到双赢。饭桌上谈判，并不是无技巧可言的。有些时候，可以先提大要求，当对方因为做不到而愧疚时，你再提小要求就容易被满足，也就可以达成自己谈判的目的了。但是对于不大熟悉的人，或是戒备心较强的人，开口求人则要学会“大题小做”，先提小要求，再提大要求。迈过了对方的第一道“门槛”，就可以登堂入室了。

明代洪应明在《菜根谭》中有言：“攻人之恶勿太严，要思其堪受；教人之善勿太高，当使人可从。”意思是，一下子向他人提出一个较高的要求，对方一般很难接受，而如果从小到大逐次提出要求，对方就比较容易接受。其实，人与人之间的交往，尤其是需要对方帮忙的时候，也是同样的道理。

美国社会心理学家弗里德曼与弗雷瑟曾做过一个经典而有趣的实验。

他们派了两个大学生去访问加州郊区的家庭主妇。其中一个大学生先登门拜访了一组家庭主妇，请求她们帮一个小忙：在一个呼吁安全驾驶的请愿书上签名。这是社会公益，而且非常容易做到，所以绝大部分家庭主妇都在请愿书上签了名，只有少数人以“我很忙”为由拒绝了这个要求。

两周之后，另一个大学生再次挨家挨户地访问那些家庭主妇。不过，这次他除了拜访第一个大学生拜访过的家庭主妇之外，还拜访了另外一组第一个大学生没有拜访过的家庭主妇。与上一次的任务不同，这次大学生拜访时还背着一个呼吁安全驾驶的大招牌，请求家庭主妇们在两周内把它竖立在她们各自院子的草坪上。

实验结果是：第二组家庭主妇中，只有17%的人接受了该项要求，而第一组家庭主妇中，则有55％的人接受了这项要求，远远超过了第二组。

通过这个实验我们发现，答应了第一个请求的家庭主妇表现出了乐于合作的特点。当面对第二个更大的请求时，为了保持自己在他人眼中乐于助人的形象，她们会同意在自家院子里竖一块粗笨难看的招牌。

一个人一旦接受了他人的一个小要求之后，如果他人在此基础上再提出一个更高的要求，那么，这个人就倾向于接受更高的要求。这样逐步提高要求，就可以有效地达到预期目的。这就是心理学家所谓的“登门槛效应”，将事情“大题小做”。

日常交往中，经常用到这种效应。例如，男士在追求自己心仪的女孩时，并不是“一步到位”提出要与对方共度一生，而是逐渐通过看电影、吃饭、游玩等小要求来逐步达到目的。一个推销员敲开门跟客户进行交谈时，他已经取得了一个小小的成功。在这种情况下，如果他能够说服客户买一件小东西的话，那么，他再提出进一步的要求，就很可能被满足。还有，我们小时候向妈妈提要求，比如“可不可以吃颗糖果”，当妈妈答应的时候，我们往往会提出进一步的要求：“那可不可以喝一小杯果汁呢？”妈妈通常也是会答应的。这一切，无非是先越过对方的心理“门槛”，然后步步深入，最终达到目的。

考虑到人在心情好时更容易帮助别人。我们就可以利用饭桌这个得天独厚的场合，佳肴美酒、礼仪细节把人哄得开开心心，然后“大题小做”将你的大要求转化成小要求，步步为营，最终达到目的。

讲究时机，分阶段讲话

除了特殊的人以外，大多数人在酒精的作用下，会失去常态，所以，醉汉的话不能全信，不可深信，但又不能不信。这就要求我们在听的时候，必须多一些讲究。尤其在求人办事时，更应辨别清楚对方的酒后之词，否则事情可能会变得很糟糕。

人们常说，“以酒盖脸，无话不谈”或者“酒后吐真言”，这种情况当然存在，但是不可否认的是在更多情况下，由于酒精的作用，使得不少人酒后出狂言，当然不可一概全信，而要认真分析，根据不同情况，加以取舍，或者凭自己的判断，去伪存真，这才是正确的办法。

要想正确地辨别对方的酒后之词。首先，我们必须认真观察，仔细判别酒后说话之人醉到什么程度。事实上，醉酒的程度大体可以分成五个等级，即微醉、初醉、深醉、大醉、沉醉。

对于微醉的人，由于其理智依然十分清楚，所以其言谈并未受到酒精的影响，思路也清晰，所不同者，有酒助兴，神经略显亢奋而已。此时，谈话者一般表现为神采奕奕，谈锋颇健，而且思路清楚。因此，我们可以认为这是听话、交谈的大好时机。尤其当你有求于人时，这种情况对你大有帮助。但也要记住，此时说话的人醉酒极轻，思想活跃，完全能够控制自己，所以不该把他所说的全都认为是“真言”，要知道，说不定由于他们此时的思想活跃，反而在语言中运用了更多的技巧和隐语。因此，必要的“去粗取精，去伪存真，由表及里”的功夫仍不可少。

初醉者在醉酒程度上已较微醉更进一层，此时，说话人在思路上、交谈的欲望上已出现不受主观意念支配的现象，可以说，这才是“以酒遮脸”。一般情况下，这也是“酒后吐真言”的前期阶段。

正因为此，初醉者此时谈话的特点是，或者滔滔不绝，不让别人插言；或者神情激奋，表情认真；或者斩钉截铁，一言九鼎；或者态度神秘，令人莫测；或者思路灵活，大异往时；或者语惊四座，极度坦诚。总之，此时由于酒精作用，大脑的活动已进入亢奋期，在较大程度上，已不受日常习惯和某些顾虑的限制。虽然语言是清晰的，逻辑是合理的，情绪是兴奋的，态度是诚恳的，但是却已异于平时，再不受脸面、环境、关系、礼俗等因素的约束，可以说，他已经到了道平时所不想道，言平时所不肯言，破除情面关系，扫除世俗障碍，照理而言，据实陈述的时候。所以，这是听话者千金难买的大好时机，也是你求人办事的大好时机，切不可轻易放过。

人到了大醉就已经开始失去理智，此时，人的思维已经紊乱，意识已经模糊，失去了判断能力。说不出什么有逻辑、有思想的话，从这种意识几近模糊的谈话中，已经很难获得说话的真实含义以及真实思想，故此也就谈不上什么真言假言了。

人进入沉醉状态时，正常意识已基本消失，大多数人会沉沉入睡，即使未曾入睡，也完全失态，即使尚能发声，也是语无伦次，既谈不上什么语言，更谈不上传达什么思想和信息了。

综上所述，初醉、微醉乃是谈话和听话的黄金时间，所谓“酒后吐真言”者，当其时也。所以，在这种情况下，听者应当集中精力，努力获取信息，万勿以酒后之词无足轻重而弃之。如果说话人已进入大醉的阶段，则听者必须注意，万勿随意地把“酒后吐真言”的说法滥推到这个阶段。如果人已进入大醉、沉醉，则此时之言，多不足信，听不听皆可。

PSYCHOLOGY OF

SPEECH

第十二章

一语抵千金，说服的关键在于有效

说出对方心里预设好的答案

很多说服过程都是在问答中实现的，当说服者给出的答案让被说服者满意时，被说服者就被带入了说服者的思维模式里，说服就能够继续进行下去。具体而言，在实施说服的过程中，说服者会回答对方的一些问题，问题的答案如果正好是对方想要的，说服者便可以很快地让对方放下心里的抵抗，同意自己的意见。所以给出对方一个心里预设好的答案，是说服成功的真相。

以给予对方答案作为说服术的桥梁，这个答案并不一定是公认的合理答案，但应该趋向提问者自身的需求。说服高手都明白，当一个人提出问题等待答案的时候，通常他的心里已经存在一个答案，说出他心中的那个答案要比回答出其他任何答案都能取得说服效果，这才是说服成功的真相。例如面试的过程就是一个普遍的问答过程，面试官的回答可以直接影响到面试者对公司的向往程度，作为面试官要为公司招募人才，必须在面试时通过给予面试者满意的答案来说服对方。

乔恩是一家 IT 公司的人事部经理，她的主要任务就是作为这家公司的面试官，为公司留下人才。这方面乔恩做得非常完美，只要是她认为合适的人选，都会在她的面试中对公司充满认可与向往。这一天乔恩需要面试两个非常不错的技术员。

第一个是叫罗宾的大学毕业生，根据简历，罗宾是 IT 技术专业，无工作经验，但是从他的毕业成绩和在校设计来看，他很有潜力，工作目的是积累经验，希望能有出差的工作。面试时罗宾提出的第一个问题是自己的薪资是多少，乔恩的回答是："由于你的经验不足，公司会给你实习期，实习期的工资不高但是有相应的补助，等到转正会在 2000 美元左右。"罗宾的第二个问题是工作流程，乔恩的回答是："公司因为以开发为主，所以以创意为主，我会把你安排到一个老员工的手下学习并参与创意设计。”第三个问题是公司特殊的活动是什么？乔恩回答：“外出学习，因为公司需要不断进步，所以经常安排出差学习各个合作大公司的IT操作理念。”

第二个是叫安迪的技术工程师，已经做IT六年了，技术熟练，在上两个公司的辞职原因都是因为工作三年了但工资没有变动。因为已婚，工作的目的是赚钱养家。安迪同样的三个问题乔恩的回答却是：1.根据您的工作经验我完全保证您的起步工资不会比之前的公司少，而且我们公司有工龄奖。2.工作流程就是传统的IT编程，相信您很擅长。3.是家庭日，定期我们会让员工带着家人来公司参加Party，家庭也是公司员工的工作的保障。

最后无意外的，两个人都选择了这家公司，虽然实际情况或有出入，但是他们留下来了。

同样的问题，乔恩的回答完全不同，首先是薪资，对于罗宾这种刚毕业的大学生是不在乎起初底薪的，而安迪不同，尤其针对安迪之前的离职原因，乔恩使用“工龄奖”的方式有力地触动了安迪。其次是工作流程，罗宾年轻注重挑战，安迪因工作时间久不喜欢变动，乔恩给的答案都是他们心里想要的。最后关于公司活动，更是完全根据两个人的需要而回答，其实任何一个公司都会有外出和关心家庭的项目，但是乔恩的侧重回答，就会给两个人分别进行有效地“洗脑”。给予他们心里预设好的想要的答案，是乔恩面试时成功招揽人才的原因。

在说服过程中并不是每个人都会开口询问答案，很多人也会保持沉默在决断的时候保持徘徊状态，其实这个时候是在为自己找一个“该不该行动”的理由，这个理由也是对方心中预设的答案，只不过他自己还没有了解到，如果我们能说出对方心中的答案，促使他付诸行动，就达到了说服的效果。

很多时候，人们在提出问题时在潜意识中都会不自觉地为自己预设一个答案。在对方能直接满足自己的要求时，人就会因为得到满足而放松警惕，进而被对方说服。因此被说服的核心原因其实是自己心中预设的答案被对方利用了。细心了解这一“洗脑”真相，在自己心里预设好的答案之前设一道防线，当遇到自己预设的答案被对方作为说服的筹码时，就可以自由进退。

说服语言拒绝“被动形式”

现实生活中，如果我们的语言技巧不好的话，那么，很可能一切都无从谈起。因为，不论写了一个多么完美的策划书，如果报告人笨口拙舌地说“嗯，那个……”，这个策划书就肯定通不过。所以说，具有娴熟的说服技巧的人才，更容易成功。因为这样的人容易得到上司的认可。只要我们深入思考一下就会发现，一个人的事业能否成功和是否掌握了良好的说服技巧密切相关。

那么，从商业角度看，说服的最重要原则就是“不要有任何的被动形式”，这也是来自心理学的建议。所谓被动形式就是“被……”“让……”这样的表达方式。

例如“这个键要是被按下的话，内容就被删除了”“这种样本被70%的年轻人所喜欢”，这种语言表达方式就是被动形式。如果把这两句话换为主动形式的话，应该是“如果您想删除内容的话，请按这个键”“70%的年轻人喜欢这个样本”。

如果你想提高语言技巧，语言中就不要有任何的被动形式，一定要使用肯定形式。为什么呢？根据语言心理学已经证明了的规律，使用被动形式会降低说服力。肯定形式和被动形式也许只有一点差别，但它们对听众的影响却有很大的不同。

被动形式会给听众一种缺乏积极性的印象。“被动”这个词本身就具有消极意义。如果别人对你说“那个人的性格很被动”，你一定要明白这可不是什么表扬的话。你如果在谈话中老是用被动形式的话，很容易给对方留下说话拐弯抹角、没有自信、性格软弱的印象。

一个人语言上的习惯很难改变，因为它存在于我们的潜意识中。因此，建议大家找机会把自己说的话录下来，然后再认真分析一下。即使你觉得自己没什么问题，也请试一次。试试看，你肯定会为自己说话时竟然使用了那么多的被动形式而大吃一惊。

平时，如果我们经常使用被动语式，就很容易使自己处于被动状态，这时再想扭转就难了，只能受制于对方。所以，在说服的过程中应该尽量运用一些便于占据主动的词汇和句式，变被动为主动。

如果你想为自己的语言增加气势，使自己的语言更有力，只要去掉被动语式即可。这样既能展现出你是一个非常积极的人，又能让你的语言充满说服力。

言谈之间满足对方的虚荣心

通过观察孩子的天性，我们可以发现：当我们称赞、夸奖他们时，他们是何等高兴、满足。其实，他们并不一定具有我们所称赞的优点，只是我们期望他们做到这点而已。这就是一种典型的“增高鞋”效应。在我们与他人交往时，何不也效仿这一做法呢？不管是大人还是小孩子，他们都喜欢别人给自己一个美名，即使他们并没有做到这一点，内心里也会朝此目标努力，因为他们知道这样就可以得到更多赞美。

如果你懂得赞美对方，很难的事情也会变得顺利起来。在信用受到普遍怀疑的年代，贷款变得越来越不容易，可是就有人靠一张会说话的嘴换来了巨额款项。

约翰是美国的大企业家。1960年，他决定在芝加哥为他的公司总部兴建一座办公大楼。为此，他出入无数家银行，但始终没贷到一笔款。于是，他决定先上马后加鞭，他用自己设法筹集的200万美元，聘请了一位承包商，要他放手建造，然后他去筹措所需要的其余500万美元。假如钱用完了，而他仍然拿不到抵押贷款，承包商就得停工待料。建造开始，到所剩的钱仅够再花一个星期的时候，约翰恰好和大都会人寿保险公司的一个主管在纽约一起吃饭。他拿出经常带在身边的一张蓝图，想激起这个主管对兴建大厦的投资兴趣。他正准备将蓝图放在餐桌上时，主管对约翰说：“在这儿我们不便谈，明天到我办公室来。”

第二天，当主管断定大都会公司很有希望提供抵押贷款时，约翰说：“好极了，唯一的问题是今天我就需要得到贷款的承诺。”

“你一定在开玩笑，我们从来没有在一天之内为这样的贷款进行承诺的先例。”主管回答。约翰把椅子向主管拉近，并说：“你是这个部门的负责人。也许你应该试试看你有无足够的权力，能把这件事在一天之内办妥。”

主管满意地笑着说：“让我试一试吧。”

事情进行得很顺利，约翰在自己的钱即将花光之前，拿着到手的贷款回到了芝加哥。

许多人喜欢和别人观点相左，这样做能使他们自己感到更有分量。事实上，这样做没有什么好处。如果他们只是想找“有分量”的感觉，也许还说得过去；如果他们想实现什么目标的话，这种做法就太愚蠢了。因为要使对方在一开始就说“不”很容易，但是要想把这个“不”变成“是”就太难了，所以你可以适当地满足对方的虚荣心，说不定可以改变他否定的态度。

告诉对方“别无他选”

古代罗马的政治家布鲁斯特在杀害恺撒之后有一场演说：“你们是希望让恺撒死，大家过自由的日子，还是希望让恺撒活着而你们都沦为奴隶终至死亡？你们要选择的是什么？”

布鲁斯特的演讲，给当时长老院的长老们提出两个选择，再没有其他选择，迫使他们只能从“自由”或“死亡”之中进行选择。而很显然，自由比死亡看上去更有好处、更有意义。所以，最后的结局可想而知，长老院最终选择了自由，而布鲁斯特也因此获得了胜利。

其实，这就是一种制造别无他选的困境的攻心战术，它的要点就是给人提供有且只有的两个选择，而且其中的一个选择必然好于另一个，再没有其他什么选择的余地，从而使人们普遍认同并最终选择相对较好的一个。

在现实生活中，我们时常会面临一些选择，让人很难下定决心，但是如果犹豫不决，就可能失去机会，此时就要善于把自己引到别无他选的境地，此时再做选择就会容易一些。比如，有人面对着是否该换工作的问题，而无法下决心，就可以对他说：“你是要换个工作，开拓新的人生呢，还是要继续在这里虚度余生？”对方在这两个选项中，自然就容易做出选择。

若设置的两个选择若没有优劣之分，还是会让人无法做出决定，虽说“鱼和熊掌不可兼得”，但是“二者皆吾之所欲也”，没有大的差别，很难让人取舍，因此，我们还要强调两个选择中哪个更优，哪个更劣，有了这样的对比，就更容易让人做出选择了。

当美国还是英国的殖民地时，为了摆脱英国的统治，巴特利克说过这样一句话：“不自由，毋宁死。”这句话被称为是独立战争的宣言。其实选择一个什么样的独立宣言，对当时的美国人来说是非常重要的，因为万一起义失败，就会造成不可估量的惨重后果。而且当时的代议员对于局势也很迷惑，于是要人民自己做个决定，巴特利克就采用了两者选一的方法，而且使两个选项形成了强烈的对比，使得人们都能做出最明智的选择。当时，他说的很多话都成了流传后世的名言，如“要锁链还是要隶属”“要英国还是要战争”以及“不自由，毋宁死”，等等。

以这种强调两个选项中其中一项的缺点或者优点，使两个选项形成对比，让人们二者选其一，在一般的情况下，人们一定会选择你所希望的那一个。因为已经别无他选了，选其中看起来更好一点的是最明智的选择。

虽然运用这种方法也常会存在一些障碍，但对于处于犹豫中的人们，则可以迫使其朝着我们所期望的方向去选择。例如，当你要说服正在选择就业单位的毕业生时，可以说：“与其勉强地进入一家好的单位，却因为能力不够而被漠视，进而遭受打击，产生挫败感，还不如进入一家自己能胜任其工作的单位，找回信心，发挥自己的优势。”像这种说服方式，则可以帮助对方消除疑虑和犹豫，帮助其尽快地做出选择。

用适当的话语引发心理共鸣

人与人之间，本来有许多地方是相同的，但是要使彼此真正共鸣起来，就需要有一定的说话技巧。

伽利略年轻时就立下雄心壮志，要在科学研究方面有所成就，他希望得到父亲的支持和帮助。

一天，他对父亲说："父亲，我想问您一件事，是什么促成了您同母亲的婚事？"

"我看上她了。"父亲答道。

伽利略又问："那您有没有娶过别的女人？"

"没有，孩子。家里的人要我娶一位富有的女士，可我只钟情于你的母亲，她从前可是一位风姿绰约的姑娘。"

伽利略说："您说得一点也没错，她现在依然风韵犹存。您不曾娶过别的女人，因为您爱的是她。您知道，我现在也面临着同样的处境。除了科学以外，我不可能选择别的职业，因为我喜爱的正是科学。别的对我而言毫无用途，也毫无吸引力！难道要我去追求财富、追求荣誉？科学是我唯一的需要，我对它的爱有如对一位美貌女子的倾慕。"

父亲说："像倾慕女子那样？你怎么会这样说呢？"

伽利略说："一点也没错，亲爱的父亲，我已经18岁了。别的学生，哪怕是最穷的学生，都已想到自己的婚事，可是我从没想过那方面的事。我不曾与人相爱，我想今后也不会。别的人都想寻求一位标致的姑娘作为终身伴侣，而我只愿与科学为伴。"

父亲似乎有所感悟，但始终没有说话，仍仔细地听着。

伽利略继续说："亲爱的父亲，为什么您不能帮助我实现自己的愿望呢？我一定会成为一位杰出的学者，获得教授身份。我能够以此为生，而且比别人生活得更好。”

说到这，父亲为难地说：“可我没有钱供你上学。”

“父亲，您听我说，很多穷学生都可以领取奖学金，这钱是公爵宫廷给的。我为什么不能去领一份奖学金呢？您在佛罗伦萨有那么多朋友，您和他们的交情都不错，他们一定会尽力帮忙的。他们只需去问一问公爵的老师奥斯蒂罗·利希就行了，他了解我，知道我的能力……”

父亲被说动了：“嗯，你说得有理，这是个好主意。”

伽利略抓住父亲的手，激动地说：“我求求您，父亲，求您想个法子，尽力而为。我向您表示感激之情的唯一方式，就是……就是保证成为一个伟大的科学家……”

伽利略最终说动了父亲，他实现了自己的理想，成为了一位西方历史上著名的科学家。

这里，伽利略采用的就是“心理共鸣”的说服方法。

至于具体如何实现与对方心理共鸣，通常可以通过三个途径来实现。一是，避开对方的忌讳，从对方的兴趣谈起，不要太早暴露自己的意图；二是让对方一步步地赞同你的想法；三是当对方跟着你走完一段路程时，就会自然而然地认同你的观点。

对固执的人，顺着他的话往下说

面对一个非常固执的人，如果你直接反驳他，他会听你的吗？

楚庄王有一匹心爱的马，他经常用蜜渍的枣干喂养它。结果马得肥胖病死了，于是庄王让臣子们给马治丧，要求用棺椁殡殓，按照安葬大夫的礼仪安葬它。群臣纷纷劝阻，认为不能这样做。庄王急了，下令说："有谁敢因葬马的事谏诤的，立即处死。"

优孟听到这件事，走进宫门，仰天大哭。庄王非常吃惊，问他为何而哭。优孟说："这马是大王所心爱的，只按照大夫的礼仪安葬它，太寒碜了，请用安葬国君的礼仪安葬它吧。"庄王问："怎么葬法？"优孟回答说："我建议用雕花的美玉做棺材，用漂亮的梓木做外椁，用楩、枫、樟各色上等木材做护棺，发动士兵给它挖掘墓穴，让年老体弱的人背土筑坟，请齐国、赵国的代表在前面陪祭，请韩国、魏国的代表在后头守卫，要盖一所庙宇用牛羊猪祭供它，还要拨个万户的大县，长年管祭祀之事。我想各国听到这件事，就都知道大王轻视人而重视马了。"庄王说："我的过错竟然到了这个地步吗？现在该怎么办呢？"优孟说："让我替大王用对待六畜的办法来安葬它，把它安葬在人们的肚肠里吧！"庄王当即就派人把死马交给太官，以免天下人张扬这件事。

实践证明，对那些比较固执的人，直接反驳其错误会有诸多的不便，而最有效、最巧妙的方法当属归谬说服方式了。

所谓归谬说服，即不要直接反驳对方的错误观点，而是先假设对方的观点言之有理，然后据此引申出一个连对方也不得不承认其荒谬的结论，从而心甘情愿地放弃原有的错误观点和主张，无条件地接受你的意见。

案例中优孟就是这种方法的成功实践者，试想一下，如果他也像群臣那样直接进谏，不但达不到目的，而且弄不好还会引来杀身之祸。但是聪明的优孟并没有这样做，他抓住楚庄王观点中隐蔽的荒谬点，但是却不直接反驳，而是加以推演，由此及彼，由小到大，最后得出一个荒谬可笑的结论，从而让楚庄王认识到自己做法的可笑之处。

这种说服方法在对待某些恶人时，会达到一种辛辣讽刺的效果，使其知难而退，从而达到软性说服的目的。

如果你想运用顺言逆意归谬法成功地说服对方，你应该铭记：先找到对方观点中的荒谬之处，但是不要直接反驳，而是要想办法让那个观点不攻自破。

这种方法一般对固执己见的人很有效。

如果对方是比较强势的人，直接说服，可能会给自己带来不必要的麻烦，这种情况下，你就可以使用顺言逆意归谬法。

抓住关键，以利说服

自私是人类的本性，那么能够利用人类的这一特点巧妙地说服他们吗？

某剧场门前不许卖瓜子、花生之类的小食品，怕的是污染环境，影响市容。唯有一位年近六旬的老太太例外。用剧场管理员的话说就是：“这老太婆年岁大，嘴皮尖，人家叫她铁嘴，不好对付，只好睁只眼闭只眼。”

某日，市里要检查卫生，剧场管理员小王要老太婆回避一下，说：“老太太，快把摊子挪走，今天这里不许卖东西。”

“往天许卖，今天又不许卖，世道又变了吗？”

“世道没有变，检查团要来了。”

“检查团来了就不许卖东西？检查团来了还许不许吃饭？”

“检查团来了，地皮不干净要罚款的。”小王加重了语气。

“地皮不干净关我屁事，他肥肉吃多了拉稀屎，能去罚卖肉的款吗？”小王无言以对，悻悻而退。

管理自行车的老刘师傅随后走了过来，说道：“老嫂子，你这么一把年纪，没早没晚的，又能挣几个钱呢？检查团来了，真要罚你一笔，你还能打场官司不成？再说，检查团不会天天来，饭可是要天天吃，生意可是要天天做的。”

“嗯！姜还是老的辣。好，我走，我走。”老太太边说边笑地把摊子挪走了。

说服他人时，只有从对方的利益出发，才能更容易达到说服的目的。

案例中，两种劝阻方式，一个失败了，另一个却成功了，这其中很有学问。管理员小王之所以劝阻不成反自讨没趣，就是因为他只是一味地讲抽象的大道理，却没有站在老太太的角度上耐心地帮助她分析利弊。而老刘师傅就懂得这一点，他从老太太的切身利益出发，向她指出了只考虑眼前的小利而不顾长远利益的不良后果，使她真正认识到了自己固执行为的不明智，并心服口服地接受了规劝。

利己是多数人的“通病”，只要能将这种心理利用起来，多半的说服都是会成功的。

“打蛇打七寸”，抓住对方切身利益，就能颤动他的心弦，促使他进行深入思考，从而放弃自己消极的、错误的行动。为了巧妙地抓住蛇的“七寸”，你应该这样做：

多方考察，抓住对方最关心的问题。

言辞恳切，让对方感觉到你确实在为他着想。